HIMNOS DE GLORIA
Y TRIUNFO

EDITORIAL

Vida

DEDICADOS A LA EXCELENCIA

La misión de Editorial Vida es proporcionar los recursos necesarios a fin de alcanzar a las personas para Jesucristo y ayudarlas a crecer en su fe.

ISBN 0-8297-0726-3

Categoría: Música

Edición en idioma español
© 1985 por EDITORIAL VIDA
Deerfield, Florida 33442-8134

Printed in the United States of America

00 01 02 * 38 37 36 35

INDICE ALFABETICO DE HIMNOS

Los títulos de los himnos están escritos con mayúscula y en tipo normal; el comienzo de la primera estrofa en minúscula. Cuando el título y el principio de la estrofa son iguales, se escribe con mayúscula.

A

B

C

E

N

O

P

Q

R

S

T

U

V

Y

LA DOXOLOGIA: A DIOS EL PADRE

A Dios, el Padre celestial,
Al Hijo, nuestro Redentor,
Y al eternal Consolador,
Unidos todo alabad. Amén.

1.   EL APOSENTO ALTO

1
En un aposento alto,
Con unánime fervor,
Ciento veinte esperaban
La promesa del Señor.

CORO:
||¡Dios manda tu gran poder!||
A cada corazón.

2
Con estruendo de los cielos
Descendió la gran virtud;
Todos fueron bautizados
Con el Santo Espíritu.

3
Este gran poder antiguo
Es del fiel, celeste don;
Prometido a los creyentes
De humilde corazón.

4
Dios está restituyendo
Este gran Pentecostés,
Y el Espíritu sus dones
Nos reparte otra vez.

2. LLUVIAS DE GRACIA

1

Dios nos ha dado promesa:
Lluvias de gracia enviaré,
Dones que os den fortaleza;
Gran bendición os daré.

CORO:

Lluvias de gracia,
Lluvias pedimos, Señor,
Mándanos lluvias copiosas,
Lluvias del Consolador.

2

Cristo nos dio la promesa
Del Santo Consolador,
Dándonos paz y pureza,
Para su gloria y honor.

3

¡Oh Dios, a todo creyente
Muestra tu amor y poder!
Tú eres de gracia la fuente,
Llena de paz nuestro ser.

4

Obra en tus siervos piadosos
Celo, virtud y valor,
Dándonos dones preciosos,
Dones del Consolador.

3. JESUS VENDRA OTRA VEZ

1

Yo espero el día alegre cuando Cristo volverá,
Pues vendrá al mundo pronto y nos arrebatará;
¡Oh, qué gozo este pensamiento a mi alma da:
El que Cristo venga al mundo otra vez!

CORO:

¡Oh! Jesús vendrá al mundo otra vez,
Sí, Jesús vendrá al mundo otra vez;
Le veremos en las nubes con los ángeles de luz,
Cuando Cristo venga al mundo otra vez.

La venida de Jesús será el remedio del dolor
Que aflige siempre a este pobre mundo pecador;
Toda lágrima se enjugará por nuestro Salvador,
Cuando Cristo venga al mundo otra vez.

3

Llegarán los santos a Sion con gozo eternal;
Y en todo el santo monte nada daña ni hace mal,
Pues conocerán a Dios, entonces, todos por igual,
Cuando Cristo venga al mundo otra vez.

4

El pecado, pena y muerte en este mundo cesarán
Mártires y santos con Jesús por siempre reinarán,
Cada alma gozará de paz perfecta, sin afán,
Cuando Cristo venga al mundo otra vez.

4. DULCE COMUNION

1

Dulce comunión la que gozo ya
En los brazos de mi Salvador.
¡Qué gran bendición en su paz me da!
¡Oh!, yo siento en mí su tierno amor.

CORO:
Libre, salvo, del pecado y del temor,
Libre, salvo, en los brazos de mi Salvador.

2

¡Cuán dulce es vivir, cuán dulce es gozar!
En los brazos de mi Salvador,
Allí quiero ir y con él morar,
Siendo objeto de su tierno amor.

3

No hay que temer, ni que desconfiar
En los brazos de mi Salvador;
Por su gran poder él me guardará
De los lazos del engañador.

5. DESDE QUE SALVO ESTOY

1

Yo tengo un himno de loor,
Desde que salvo estoy,
Para mi Rey, mi Salvador,
Desde que salvo estoy.

CORO:

||Desde que salvo estoy||
Sólo en él me gloriaré;
Desde que salvo estoy,
En mi Salvador me gloriaré.

2

Yo tengo un Cristo, y mi ansiedad
Desde que salvo estoy,
Está en cumplir su voluntad
Desde que salvo estoy.

3

Yo tengo un gozo que él me dio,
Desde que salvo estoy,
Cuando en su sangre me lavó
Desde que salvo estoy.

4

Tengo un hogar a donde iré,
Desde que salvo estoy,
Y allí seguro viviré
Desde que salvo estoy.

6. LIBERTAD

1

¡Aleluya! que el Señor
Tiene grande salvación,
Libertad, libertad.
Nuestro Dios tiene poder
Para Satanás vencer,
Libertad, libertad.

Libertad y redención,
¡Aleluya! Cristo ya
Me amó y me salvó;
Gloria, gloria, ¡Aleluya!
El es todo, en todo es él.

2
Yo confío en Jehová,
El me da la santidad,
Libertad, libertad.
Tengo paz y gozo ya,
Desde que él me salvó,
Libertad, libertad.

3
Hablaremos siempre aquí,
Ensalzando a nuestro Rey,
Libertad, libertad;
Porque bondadoso y fiel,
El nos llama hijos de él,
Libertad, libertad.

4
Cantaremos siempre allí,
Al dejar el mundo aquí,
Libertad, libertad.
Alabando al Señor,
Cantaremos con fervor,
Libertad, libertad.

7. TODO A CRISTO YO ME RINDO

1
Todo a Cristo yo me rindo,
Con el fin de serle fiel;
Para siempre quiero amarle,
Y agradarle sólo a él.

Yo me rindo a él,
Yo me rindo a él;
Todo a Cristo yo me entrego,
Quiero serle fiel.

2

Todo a Cristo yo me rindo,
A sus pies postrado estoy;
Los placeres he dejado,
Y le sigo desde hoy.

3

Todo a Cristo yo. me rindo,
Sí, de todo corazón;
Yo le entrego alma y cuerpo,
Busco hoy su santa unción.

4

Todo a Cristo he rendido,
Siento el fuego de su amor;
¡Oh, qué gozo hay en mi alma!
¡Gloria, gloria a mi Señor!

8. LA SIEMBRA

1

Sembraré la simiente preciosa
Del glorioso evangelio de amor;
Sembraré, sembraré mientras viva,
Dejaré el resultado al Señor.

CORO:

Sembraré, sembraré,
Mientras viva, simiente de amor.
Segaré, segaré,
Al hallarme en la casa de Dios.

2

Sembraré en corazones sensibles
La doctrina del Dios de perdón;
Sembraré, sembraré mientras viva,
Dejaré el resultado al Señor.

3

Sembraré en corazones de mármol
La bendita palabra de Dios;
Sembraré, sembraré mientras viva,
Dejaré el resultado al Señor.

9.   GLORIA SIN FIN

1

Cuando mis luchas terminen aquí
Y ya seguro en los cielos esté,
Cuando al Señor mire cerca de mí;
¡Por las edades mi gloria será!

CORO:

¡Esa será, gloria sin fin,
Gloria sin fin, gloria sin fin!
Cuando por gracia su faz pueda ver,
¡Esa mi gloria sin fin ha de ser!

2

Cuando por gracia yo pueda tener
En sus mansiones morada de paz,
Y que allí siempre su faz pueda ver,
¡Por las edades mi gloria será!

3

Gozo infinito será contemplar,
Todos los seres que yo tanto amé,
Mas la presencia de Cristo gozar,
¡Por las edades mi gloria será!

10.   CRISTO QUIERE LIMPIOS CORAZONES

1

Cristo busca limpios corazones,
Que le sirvan siempre con fidelidad;
Que a los pecadores insten fervorosos
Que se vuelvan del pecado a la verdad.

CORO:

Id a trabajar allá en los campos del Señor,
(Id a trabajar con voluntad)
Que para la siega se presentan blancos hoy
(En los campos del Señor Jesús)
Oh, fieles siervos de Dios,
A quien debéis todo honor,
Oíd su voz, salid a trabajar.

2
Labios puros Cristo necesita,
Que con gozo anuncien plena salvación;
Lenguas consagradas sólo a su servicio,
Que proclamen al cautivo redención.

3
Cristo busca manos bien dispuestas
Para trabajar con buena voluntad;
Siembras ya maduras piden vuestra ayuda,
Las doradas mieses pronto cosechad.

4
Vidas santas Cristo necesita,
Que a los pecadores muestren su poder;
Libres de ansiedades, en Jesús confiadas
Y que pueda de ellas siempre disponer.

11.   CARIÑOSO SALVADOR

1
Cariñoso Salvador,
Huyo de la tempestad
A tu seno protector,
Fiándome de tu bondad.
Sálvame, Señor Jesús,
De las olas del turbión:
Hasta el puerto de salud
Guía mi pobre embarcación.

2
Otro asilo ninguno hay,
Indefenso acudo a ti;
Mi necesidad me trae,

Porque mi peligro vi.
Solamente en ti, Señor,
Puedo hallar consuelo y luz;
Vengo con ferviente amor,
A los pies de mi Jesús.

3

Cristo, encuentro todo en ti,
Y no necesito más.
Caído, me pusiste en pie,
Débil, ánimo me das;
Al enfermo das salud,
Das la vista al que no ve;
Con amor y gratitud
Tu bondad ensalzaré.

12. ROCA DE LA ETERNIDAD

1

Roca de la eternidad,
Fuiste abierta para mí,
Sé mi escondedero fiel,
Sólo encuentro paz en ti,
Rico, limpio manantial,
En el cual lavado fui.

2

Aunque fuese siempre fiel,
Aunque llore sin cesar,
Del pecado no podré
Justificación lograr;
Sólo en ti teniendo fe
Deuda tal podré pagar.

3

Mientras tenga que vivir
Mi último suspiro al dar,
Cuando vaya a responder
En tu augusto tribunal,
Sé mi escondedero fiel,
Roca de la eternidad.

13. DULCE ORACION

1

Dulce oración, dulce oración,
De toda influencia mundanal
Elevas tú mi corazón,
Al tierno Padre celestial.
¡Oh, cuántas veces tuve en ti
Auxilio en ruda tentación,
Y cuántos bienes recibí,
Mediante ti, dulce oración!

2

Dulce oración, dulce oración,
Al trono excelso de bondad;
Tú llevarás mi petición
A Dios, que escucha con piedad;
Por fe espero recibir
La gran divina bendición,
Y siempre a mi Señor servir
Por tu virtud, dulce oración.

3

Dulce oración, dulce oración,
Que aliento y gozo al alma das,
En esta tierra de aflicción
Consuelo siempre me serás.
Hasta el momento en que veré
Francas las puertas de Sion,
Entonces me despediré
Feliz, de ti, dulce oración.

14. ¡OH QUE AMIGO!

1

¡Oh, qué Amigo nos es Cristo!
El llevó nuestro dolor,
Y nos manda que llevemos
Todo a Dios en oración.
¿Vive el hombre desprovisto

De paz, gozo y santo amor?
Esto es porque no llevamos
Todo a Dios en oración.

2

¿Vives débil y cargado
De cuidados y temor?
A Jesús, refugio eterno,
Dile todo en oración.
¿Te desprecian tus amigos?
Cuéntaselo en oración:
En sus brazos de amor tierno
Paz tendrá tu corazón.

3

Jesucristo es nuestro Amigo,
De esto pruebas él nos dio
Al sufrir el cruel castigo,
Que el culpable mereció;
Y su pueblo redimido,
Hallará seguridad,
Fiando en este Amigo eterno,
Y esperando en su bondad.

15.   FIRMES Y ADELANTE

1

Firmes y adelante, huestes de la fe,
Sin temor alguno, que Jesús nos ve.
Jefe soberano, Cristo al frente va,
Y la regia enseña tremolando está.

CORO:

Firmes y adelante, huestes de la fe,
Sin temor alguno, que Jesús nos ve.

2

Al sagrado nombre de nuestro Adalid,
Tiembla el enemigo, y huye de la lid.
Nuestra es la victoria, dad a Dios loor,
Y óigalo el averno lleno de pavor.

Muévese potente la Iglesia de Dios,
De los ya gloriosos marchamos en pos;
Somos sólo un cuerpo, y uno es el Señor,
Una la esperanza, y uno nuestro amor.

4

Tronos y coronas pueden perecer;
De Jesús la Iglesia fiel habrá de ser:
Nada en contra suya prevalecerá,
Porque la promesa nunca faltará.

16. CERCA DE TI, SEÑOR

1

Cerca de ti, Señor,
Quiero morar;
Tu grande, tierno amor,
Quiero gozar.
Llena mi pobre ser,
Limpia mi corazón,
Hazme tu rostro ver
En comunión.

2

Pasos inciertos doy,
El sol se va;
Mas si contigo estoy,
No temo ya.
Himnos de gratitud
Ferviente cantaré,
Y fiel a ti, Jesús,
Siempre seré.

3

Día feliz veré
Creyendo en ti,
En que yo habitaré,
Cerca de ti.
Mi voz alabará
Tu dulce nombre allí,
Y mi alma gozará
Cerca de ti.

17. MI FE ESPERA EN TI

1

Mi fe espera en ti,
Cordero, quien por mí
Fuiste a la cruz:
Escucha mi oración,
Dame tu bendición,
Llene mi corazón tu santa luz.

2

Tu gracia en mi alma pon,
Guarde mi corazón
Tu sumo amor.
Tu sangre carmesí
Diste en la cruz por mí;
Que viva para ti, con fiel ardor.

3

A ruda lid iré,
Y pruebas hallaré,
Mi guía sé:
Líbrame de ansiedad,
Guárdame en santidad,
Y por la eternidad te alabaré.

18. GRATO ES DECIR LA HISTORIA

1

Grato es decir la historia
Del celestial favor;
De Cristo y de su gloria,
De Cristo y de su amor;
Me agrada referirla,
Pues sé que es la verdad,
Y nada satisface
Cual ella, mi ansiedad.

CORO:

¡Cuán bella es esa historia!
Mi tema allá en la gloria
Será la antigua historia
De Cristo y de su amor.

Grato es decir la historia
Que brilla cual fanal,
Y en glorias y portentos
No reconoce igual;
Me agrada referirla,
Pues me hace mucho bien,
Por eso a ti deseo
Decírtela también.

3

Grato es decir la historia
Que antigua, sin vejez,
Parece al repetirla
Más dulce cada vez;
Me agrada referirla,
Pues hay quien nunca oyó
Que para hacerle salvo
El buen Jesús murió.

19.   ¿OYES COMO EL EVANGELIO?

1

¿Oyes cómo el evangelio,
Al cansado ofrece paz?
Pues segura, oh alma mía,
La promesa a ti se da;
Bien alguno en mí no veo,
Corrupción tan sólo hay;
Yo cansado y afligido
Busco alivio con afán.

2

En el arca la paloma
Encontró do reposar:
Para mi alma atribulada
El Señor arca será;
Combatido vengo, y crece
El diluvio sin cesar,
Abreme, Jesús, y en vano
Rugirá la tempestad.

Amparada ya en tu seno,
Puede el alma respirar;
El reposo que prometes
Siempre da segura paz.
¡Oh!, cuán dulce en mis oídos
Fue tu acento celestial:
«Ven a mí, ven, que el descanso
Sólo en mí podrás hallar.»

20. CUANDO ALLA SE PASE LISTA

1

Cuando la trompeta suene
En aquel día final,
Y que el alba eterna rompa en claridad;
Cuando las naciones salvas
A su patria lleguen ya,
Y que sea pasada lista, allí he de estar.

CORO:

Cuando allá se pase lista,
Cuando allá se pase lista,
Cuando allá se pase lista:
A mi nombre yo feliz responderé.

2

En aquel día sin nieblas,
En que muerte ya no habrá,
Y su gloria el Salvador impartirá;
Cuando los llamados entren
A su celestial hogar.
Y que sea pasada lista, allí he de estar.

3

Trabajemos por el Maestro,
Desde el alba al vislumbrar;
Siempre hablemos de su amor y fiel bondad
Cuando todo aquí fenezca
Y nuestra obra cese ya,
Y que sea pasada lista, allí he de estar.

21. ¿TE SIENTES CASI?

1

¿Te sientes casi resuelto ya?
¿Te falta poco para creer?
Pues ¿por qué dices a Jesucristo:
«Hoy no, mañana te seguiré?»

2

¿Te sientes casi resuelto ya?
Pues vence el casi, a Cristo ven,
Que hoy es tiempo, pero mañana
Sobrado tarde pudiera ser.

3

Sabe que el casi no es de valor
En la presencia del justo Juez.
¡Ay del que muere casi creyendo!
¡Completamente perdido es!

22. MI AMOR Y VIDA

1

Mi amor y vida doy a ti,
Jesús, quien en la cruz por mí
Vertiste sangre carmesí,
Mi Dios y Salvador.

CORO:

Mi amor y vida doy a ti,
Que fuiste a la cruz por mí,
Mi amor y vida doy a ti,
Jesús, mi Salvador.

2

Que tú me salvas, esto sé;
He puesto en ti mi débil fe;
Feliz entonces viviré
Contigo, mi Jesús.

3

Tú, que moriste en la cruz,
Concédeme, Señor Jesús,
Que siempre ande en tu luz,
En fiel consagración.

23. VEN A CRISTO

1

Ven a Cristo, ven ahora,
Ven así cual estás;
Y de él sin demora
El perdón obtendrás.

2

Cree y fija tu confianza
En su muerte por ti:
El gozo alcanza
Quien lo hiciere así.

3

Ven a Cristo, con fe viva,
Piensa mucho en su amor;
No dudes reciba
Al más vil pecador.

4

El anhela recibirte,
Y hacerte merced;
Las puertas abrirte
Al eterno placer.

24. ANDANDO EN LA LUZ

1

Vagaba yo en obscuridad
Hasta que vi a Jesús,
Mas por su amor y su verdad
Me amaneció la luz.

CORO:

Gozo y luz hay en mi alma hoy,
Gozo y luz hay, ya que salvo soy;
Desde que a Jesús vi,
Y a su lado fui,
He sentido el gozo de su amor en mí.

2

Las nubes y la tempestad
No encubren a Jesús,
Y en medio de la obscuridad
Me gozo en su luz.

3

Andando en la luz de Dios
Encuentro plena paz;
Voy adelante sin temor
Dejando el mundo atrás.

4

Veréle pronto tal cual es:
Raudal de pura luz;
Y eternamente gozaré
A causa de su cruz.

25. ¡OH, CUAN DULCE!

1

¡Oh, cuán dulce es fiar en Cristo,
Y entregarse todo a él;
Esperar en sus promesas,
Y en sus sendas serle fiel!

CORO:

Jesucristo, Jesucristo,
Ya tu amor probaste en mí;
Jesucristo, Jesucristo,
Siempre quiero fiar en ti.

2

Es muy dulce fiar en Cristo
Y cumplir su voluntad;
No dudando su palabra,
Que es la luz y la verdad.

3

Siempre es grato fiar en Cristo
Cuando busca el corazón,
Los tesoros celestiales
De la paz y del perdón.

4

Siempre en ti confiar yo quiero
Mi precioso Salvador;
En la vida y en la muerte
Protección me dé tu amor.

26. ALLI NO HABRA TRIBULACION

1

En la mansión do Cristo está,
Allí no habrá tribulación;
Ningún pesar, ningún dolor,
Que me quebrante el corazón.

CORO:

Allí no habrá tribulación;
Ningún pesar, ningún dolor,
Y cuando esté morando allá,
Diré que no hay tribulación.

2

Será muy triste estarme aquí,
Muy lejos, sí, del Salvador;
Pues moran ya con él allí,
Los redimidos por su amor.

3

Perfecto amor encontraré,
En la mansión del Salvador;
Perfecta paz allí tendré,
Mejor que la que gozo hoy.

4

Entonces, sí, yo gozaré
De toda la felicidad,
Y ya con Cristo reinaré
Por toda la eternidad.

27. ¡PAZ! ¡PAZ! ¡CUAN DULCE PAZ!

1

En el seno de mi alma una dulce quietud
Se difunde embargando mi ser:
Una calma infinita que sólo podrán
Los amados de Dios comprender.

CORO:

¡Paz! ¡Paz! ¡cuán dulce paz!
Es aquella que el Padre me da;
Yo le ruego que inunde por siempre mi ser,
En sus ondas de amor celestial.

2

¡Qué tesoro yo tengo en la paz que me dio!
Y en el fondo del alma ha de estar;
Tan segura que nadie quitarla podrá,
Mientras miro los años pasar.

3

Esta paz inefable consuelo me da,
Descansando tan sólo en Jesús;
Y ningunos peligros mi vida tendrá,
Si me siento inundado en su luz.

4

Sin cesar yo medito en aquella ciudad,
Do al Autor de la paz he de ver,
Y en que el himno más dulce que allí he de cantar,
Al estar con Jesús ha de ser:

5

Alma triste que en rudo conflicto te ves,
Sola y débil tu senda al seguir;
Haz de Cristo el Amigo que fiel siempre es,
Y su paz tú podrás recibir.

28. MAS DE JESUS

1

Más de Jesús deseo saber,
Más de su gracia y poder;
Más de su salvación gozar;
Más de su dulce amor gustar.

CORO:
Más quiero amarle,
Más quiero honrarle;
Más de su salvación gozar,
Más de su dulce amor gustar.

2

Más quiero a Jesús seguir,
Más de su santa ley cumplir;
Más de su voluntad saber,
Más de su Espíritu tener.

3

Más de Jesús, más oración,
Más cerca estar en comunión;
Más su palabra meditar,
Más sus promesas alcanzar.

4

Más de Jesús allá veré,
Más semejante a él seré;
Más de su gloria he de gozar,
Más su gran nombre alabar.

29. ACEPTA EL PERDON DE JESUS

1

Si tú cansado ya estás de pecar,
Acepta el perdón de Jesús;
Si vida nueva quisieres hallar,
Acepta el perdón de Jesús.

No más pecar, ven a él,
Su amor te muestra en la cruz;
Es tiempo no seas infiel,
Acepta el perdón de Jesús.

2

Si vida pura tú quieres tener,
Acepta el perdón de Jesús;
El es la fuente que limpia tu ser,
Acepta el perdón de Jesús.

3

Si tú no puedes tus luchas calmar
Acepta el perdón de Jesús.
Si tus anhelos no puedes colmar,
Acepta el perdón de Jesús.

4

Si con los santos te quieres unir,
Acepta el perdón de Jesús:
Y si a los cielos aspiras a ir,
Acepta el perdón de Jesús.

30. HAY PODER EN JESUS

1

¿Quieres ser salvo de toda maldad?
Tan sólo hay poder en mi Jesús;
¿Quieres vivir y gozar santidad?
Tan sólo hay poder en Jesús.

CORO:

Hay poder, poder —sin igual poder,
En Jesús, quien murió;
Hay poder, poder —sin igual poder,
En la sangre que él vertió.

2

¿Quieres ser libre de orgullo y pasión?
Tan sólo hay poder en mi Jesús;
¿Quieres vencer toda cruel tentación?
Tan sólo hay poder en Jesús.

¿Quieres servir a tu Rey y Señor?
Tan sólo hay poder en mi Jesús;
Ven, y ser salvo podrás en su amor,
Tan sólo hay poder en Jesús.

31. CRISTO ES MI DULCE SALVADOR

1
Cristo es mi dulce Salvador,
Mi bien, mi paz, mi luz,
Mostróme su infinito amor,
Muriendo en dura cruz.
Cuando estoy triste encuentro en él,
Consolador, y amigo fiel,
Consolador, amigo fiel, es Jesús.

2
Cristo es mi dulce Salvador,
Su sangre me compró;
Con sus heridas y dolor,
Perfecta paz me dio.
Dicha inmortal allá tendré;
Con Cristo siempre reinaré,
Dicha inmortal allá tendré con Jesús.

3
Cristo es mi dulce Salvador,
Mi eterno Redentor,
¡Oh!, nunca yo podré pagar
La deuda de su amor;
Le seguiré, pues, en la luz,
No temeré llevar su cruz,
No temeré llevar la cruz de Jesús.

4
Cristo es mi dulce Salvador,
Por él salvado soy;
La Roca de la eternidad,
En quien seguro estoy;
Gloria inmortal allá tendré,
Con Cristo siempre reinaré,
Gloria inmortal allá tendré con Jesús.

32. ¡LOORES A DIOS!

1

¡Oh!, jamás nos cansaremos de la gran canción
¡Loores a Dios, aleluya!
Por la fe la cantaremos con el corazón,
¡Loores a Dios, aleluya!

CORO:

A los hijos del Señor, pertenece el cantar
Pues vendrá el Salvador y nos arrebatará;
Del palacio celestial, gozaremos más allá.
¡Loores a Dios, aleluya!

2

¡Oh! la indecible gloria del divino amor, etc.
Que en sus alas lleva el alma donde el Salvador, etc.

3

¡Qué vistosos son los ángeles morando en luz!, etc.
¡Más lucientes los creyentes al venir Jesús!, etc.

4

¡Coronados en la gloria con el Salvador!, etc.
¡Cantaremos alabanzas del divino amor!, etc.

33. GRANDE GOZO HAY EN MI ALMA

1

Grande gozo hay en mi alma hoy,
Pues Jesús conmigo está;
Y su paz, que ya gozando estoy
Por siempre durará

CORO:

Grande gozo, ¡cuán hermoso!
Paso todo el tiempo bien feliz;
Porque veo de Cristo la sonriente faz,
Grande gozo siento en mí.

Hay un canto en mi alma hoy;
Melodías a mi Rey:
En su amor feliz y libre soy,
Y salvo por la fe.

3

Paz divina hay en mi alma hoy,
Porque Cristo me salvó;
Las cadenas rotas ya están,
Jesús me libertó.

4

Gratitud hay en mi alma hoy,
Y alabanzas a Jesús;
Por su gracia a la gloria voy,
Gozándome en la luz.

34.   TENDRAS QUE RENACER

1

Un hombre de noche llegóse a Jesús,
Buscando la senda de vida y de luz,
Y Cristo le dijo: Si a Dios quieres ver,
Tendrás que renacer.

CORO:

||Tendrás que renacer,||
De cierto, de cierto te digo a ti:
Tendrás que renacer.

2

Si acaso a los cielos tú quieres entrar,
Y allí con los santos poder descansar:
Si quieres la vida eternal obtener,
Tendrás que renacer.

3

Amigo, no debes jamás desechar
Palabras que Cristo dignóse hablar:
Si tu alma no quieres llegar a perder
Tendrás que renacer.

Hermanos se han ido con Cristo a morar,
A quienes un día querrás encontrar,
Pues esta proclama hoy debes creer:
Tendrás que renacer.

35. CANTARE LA MARAVILLA

1

Cantaré la maravilla
Que Jesús murió por mí;
Cómo allá en el Calvario
Dio su sangre carmesí.

CORO:

Cantaré la bella historia
De Jesús mi Salvador,
Y con santos en la gloria,
A Jesús daré loor.

2

Cristo vino a rescatarme,
Vil, perdido me encontró;
Con su mano fiel y tierna,
Al redil él me llevó.

3

Mis heridas y dolores
El Señor Jesús sanó;
Del pecado y los temores
Su poder me libertó.

4

En el río de la muerte
El Señor me guardará:
Es su amor tan fiel y fuerte,
Que jamás me dejará.

36. ENTERA CONSAGRACION

1

Que mi vida entera esté
Consagrada a ti, Señor;
Que a mis manos pueda guiar
El impulso de tu amor.

CORO:

Lávame en tu sangre, Salvador,
Límpiame de toda mi maldad;
Traigo a ti mi vida, para ser, Señor,
¡Tuya por la eternidad!

2

Que mis pies tan sólo en pos
De lo santo puedan ir,
Y que a ti, Señor, mi voz
Se complazca en bendecir.

3

Que mi tiempo todo esté
Consagrado a tu loor,
Que mis labios al hablar
Hablen sólo de tu amor.

4

Toma, ¡oh Dios!, mi voluntad,
Y hazla tuya, nada más;
Toma, sí, mi corazón
Por tu trono lo tendrás.

5

Toma tú mi amor, que hoy
A tus pies vengo a poner;
¡Toma todo lo que soy,
Todo tuyo quiero ser!

37.   ¿LLEVAS SOLO TU CARGA?

1
¿Has tratado de llevar tu carga?
Sólo tú, sólo tú,
¿No sabiendo que tendrás ayuda
Si acudieres al Señor Jesús?

CORO:
Si tengo cargas que solo debo llevar,
Paciente las alzo y acudo a mi Señor;
Si tengo cruces que nadie puede cargar,
Su ayuda siempre mi Señor, me presta con amor.

2
Nunca olvides que al Calvario solo,
Fue Jesús, fue Jesús,
Para darte salvación y vida,
Cuando solo sucumbió en la cruz.

3
Sólo en Cristo protección y ayuda
Hallarás, hallarás;
Lleva siempre a él tus cargas todas,
Que a ninguno rechazó jamás.

38.   LA CRUZ ME GUIARA

1
Al Calvario solo Jesús ascendió
Llevando pesada cruz,
Y al morir en ella al mortal dejó
Un fanal de gloriosa luz.

CORO:
La cruz sólo me guiará;
La cruz sólo me guiará;
A mi hogar de paz y eterno amor,
La cruz sólo me guiará.

En la cruz el alma tan sólo hallará
La fuente de inspiración;
Nada grande y digno en el mundo habrá
Que en la cruz no halle aprobación.

3

Yo por ella voy a mi hogar celestial,
El rumbo marcando está;
En mi obscura vida será el fanal
Y a su luz mi alma siempre irá.

39. SANTA BIBLIA

1

¡Santa Biblia! para mí,
Eres un tesoro aquí;
Tú contienes con verdad
La divina voluntad;
Tú me dices lo que soy,
De quién vine y a quién voy.

2

Tú reprendes mi dudar;
Tú me exhortas sin cesar;
Eres faro que a mi pie,
Va guiando por la fe,
A las fuentes del amor
Del bendito Salvador.

3

Eres infalible voz
Del Espíritu de Dios,
Que vigor al alma da
Cuando en aflicción está;
Tú me enseñas a triunfar,
De la muerte y el pecar.

4

Por tu santa letra sé
Que con Cristo reinaré
Yo que tan indigno soy,
Por tu luz al cielo voy;
¡Santa Biblia para mí,
Eres un tesoro aquí!

1

Soy peregrino aquí, mi hogar lejano está,
En la mansión de luz, eterna paz y amor:
Embajador yo soy del reino celestial
En los negocios de mi Rey.

CORO:

Este mensaje fiel oíd,
Que dijo ya celeste voz:
«Reconciliaos ya» —dice el Señor y Rey,
¡Reconciliaos hoy con Dios!

2

Que del pecado vil arrepentidos ya,
Han de reinar con él los que obedientes son:
Es el mensaje fiel que debo proclamar,
En los negocios de mi Rey.

3

Mi hogar más bello es que el Valle de Sarón,
Eterno gozo y paz reinan por siempre en él,
Y allí Jesús dará eterna habitación;
Es el mensaje de mi Rey.

41. HAY UN PRECIOSO MANANTIAL

1

Hay un precioso manantial
De sangre de Emmanuel,
Que purifica a cada cual
Que se sumerge en él.

CORO:

Lávame, Señor Jesús,
En la sangre de tu cruz:
Lávame, Señor Jesús,
Y más blanco que la nieve yo seré.

2

El malhechor se convirtió
Pendiente de una cruz;
El vio la fuente y se lavó,
Creyendo en Jesús.

3

Y yo también mi pobre ser
Allí logré lavar:
La gloria de su gran poder
Me gozo en ensalzar.

4

¡Eterna fuente carmesí!
¡Raudal de puro amor!
Se lavará por siempre en ti
El pueblo del Señor.

42. HAY UN PRECIOSO MANANTIAL

1

Hay un precioso manantial
De sangre de Emmanuel,
Que purifica a cada cual
Que se sumerge en él.

2

El malhechor se convirtió
Pendiente de una cruz;
El vio la fuente y se lavó,
Creyendo en Jesús.

3

Y yo también mi pobre ser
Allí logré lavar;
La gloria de su gran poder,
Me gozo en ensalzar.

4

¡Eterna fuente carmesí!
¡Raudal de puro amor!
Se lavará por siempre en ti,
El pueblo del Señor.

43. A JESUCRISTO VEN SIN TARDAR

1

A Jesucristo ven sin tardar,
Que entre nosotros hoy él está,
Y te convida con dulce afán,
Tierno diciendo: «Ven.»

CORO:

¡Oh!, cuán grata nuestra reunión,
Cuando allá, Señor, en tu mansión,
Contigo estemos en comunión,
Gozando eterno bien.

2

Piensa que él sólo puede colmar
Tu triste pecho de gozo y paz;
Y porque anhela tu bienestar,
Vuelve a decirte: «Ven.»

3

Su voz escucha sin vacilar,
Y grato acepta lo que hoy te da.
Tal vez mañana no habrá lugar
No te detengas, ven.

44. YA TODO DEJE

1

Tan triste y tan lejos de Dios me sentí
Y sin el perdón de Jesús,
Mas cuando su voz amorosa oí
Que dijo: «Oh, ven a la luz.»

CORO:

Ya todo dejé para andar en la luz
No moro en tinieblas ya más;
Ya todo dejé por seguir a Jesús,
Y vivo en la luz de su faz.

¡Qué amigo tan dulce es el tierno Jesús
Tan lleno de paz y de amor,
De todo este mundo es la fúlgida luz
El nombre del buen Salvador.

3

De mi alma el anhelo por siempre será
Más cerca vivir de la cruz,
Do santo poder y pureza me da,
La sangre de Cristo Jesús.

4

¡Oh!, ven a Jesús, infeliz pecador,
No vagues a ciegas ya más;
Sí, ven a Jesús, nuestro gran Salvador,
Pues en él salvación hallarás.

45. ¿ERES LIMPIO EN LA SANGRE?

1

¿Has hallado en Cristo plena salvación,
Por la sangre que Cristo vertió?
Toda mancha lava de tu corazón:
¿Eres limpio en la sangre eficaz?

CORO:

¿Eres limpio en la sangre,
En la sangre de Cristo Jesús?
¿Es tu corazón más blanco que la nieve?
¿Eres limpio en la sangre eficaz?

2

¿Vives siempre al lado de tu Salvador
Por la sangre que él derramó?
¿Del pecado eres siempre vencedor?
¿Eres limpio en la sangre eficaz?

¿Tendrás ropa blanca al venir Jesús?
¿Eres limpio en la fuente de amor?
¿Estás listo para la mansión de luz?
¿Eres limpio en la sangre eficaz?

4

Cristo ofrece hoy pureza y poder,
¡Oh, acude a la cruz del Señor!
El la fuente es que limpiará tu ser,
¡Oh, acude a su sangre eficaz!

46. MAS BLANCO QUE LA NIEVE

1

Yo quiero ser limpio, oh mi buen Jesús,
Deseo por siempre andar en tu luz;
Tan sólo en tu sangre limpieza tendré,
Lavado y más blanco que nieve seré.

CORO:

Más blanco, sí, que la nieve seré;
Lavado en la sangre y limpio por fe.

2

Que en mi alma no puede lo impuro quedar,
Tu sangre mis manchas las puede quitar;
Pecados e ídolos desecharé,
Lavado y más blanco que nieve seré.

3

Tú, Cristo, me ayudas a sacrificar,
Humilde llevando mi todo a tu altar;
Te entrego mi vida y así por la fe,
Lavado y más blanco que nieve seré.

Por esta pureza doy gracias a ti
Que santificado por tu gracia fui;
Tu sangre limpiándome vi por la fe,
Lavado y más blanco que nieve quedé.

CORO:

Más blanco, sí, que la nieve quedé;
Lavado en tu sangre, soy limpio por fe.

47. DONDEQUIERA CON JESUS

1

A cualquiera parte sin temor iré
Si Jesús dirige mi inseguro pie;
Sin su compañía todo es pavor,
Mas si él me guía no tendré temor.

CORO:

Con Jesús, por doquier, sin temor iré;
Si Jesús me guía nada temeré.

2

Con Jesús por guía donde quiera voy;
Caminando en pos de él seguro estoy,
Y aunque padre y madre me puedan faltar,
Jesucristo nunca me abandonará.

3

Dondequiera con Jesús, en tierra y mar,
Quiero ser su fiel testigo sin cesar:
Y si por desierto mi camino va,
Un seguro albergue mi Jesús será.

4

Dondequiera paso yo la noche atroz,
Porque siempre oigo su benigna voz,
El de día y noche a mi lado está,
Y en plena gloria me despertará.

48. PENTECOSTES PARA TODOS

1

Dios no nos deja huérfanos,
Mas como prometió,
Nos manda el Santo Espíritu,
Que llena de su gran virtud
Al ser que le esperó.

CORO

¿Ha venido a ti? ¿Ha venido a ti,
El Espíritu Consolador?
Dios convencerá al mundo de mal,
Cuando venga el Consolador.

2

¡Oh! santos, Dios os llama hoy
Su plenitud tomad;
Es para todos por igual
El santo Huésped celestial,
Espíritu de verdad.

3

Jesús promete un Pentecostés
A cada corazón;
Postrados, pues, roguémosle,
Y esperemos por la fe,
El prometido don.

4

Creyentes, para todos hay,
El gran Consolador,
Y las señales seguirán:
En otras lenguas hablarán,
Promesa del Señor.

49. EN LA VIÑA DEL SEÑOR

1

Yo quiero trabajar por el Señor,
Confiando en su palabra y en su amor:
Quiero yo cantar y orar,
Y ocupado siempre estar
En la viña del Señor.

CORO:

Trabajar y orar
En la viña, en la viña del Señor;
Sí, mi anhelo es orar,
Y ocupado siempre estar,
En la viña del Señor.

2

Yo quiero cada día trabajar,
Y esclavos del pecado libertar:
Conducirlos a Jesús,
Nuestro guía, nuestra luz, etc.

3

Yo quiero ser obrero de valor,
Confiando en el poder del Salvador:
El que quiera trabajar,
Hallará también lugar, etc.

50. TE LOAMOS, ¡OH DIOS!

1

Te loamos, oh Dios,
Con unánime voz,
Que en Cristo tu hijo
Nos diste perdón.

CORO:

¡Aleluya! Te alabamos,
¡Cuán grande es tu amor!
¡Aleluya! Te adoramos,
Bendito Señor.

2

Te loamos, Jesús,
Quien tu trono de luz
Has dejado por darnos
Salud en la cruz.

3

Te damos loor,
Santo Consolador,
Que nos llenas de gozo
Y santo valor.

Unidos load
A la gran Trinidad,
Que es la fuente de gracia,
Virtud y verdad.

51. LA CRUZ Y LA GRACIA DE DIOS

1

La cruz no será más pesada
Que la gracia que él me da;
Y si la tormenta me espanta
No podrá esconder su faz.

CORO:

La gracia de Dios me bastará,
Su ayuda jamás me faltará:
Consolado por su amor
Que echa fuera mi temor,
Confiaré en mi Señor.

2

Mi cáliz nunca es tan amargo,
Como el de Getsemaní;
En mis días más apurados
No se aparta Dios de mí.

3

La luz de su rostro me alumbra,
En el tiempo de aflicción;
Y mi alma gozosa vislumbra
El palacio de mi Dios.

52. CRISTO LA ROCA

1

En las olas inmensas de embravecido mar,
Que asaltan de mi alma la pobre embarcación,
De rodillas a Cristo clamé, y el huracán
Deshecho fue al instante a la voz de Dios.

Es Cristo la Roca, el ancla de mi fe;
Los males, lamentos, y ayes de temor,
Terminan por siempre, con mi supremo Rey;
Es Jesucristo mi refugio.

2

Me guarda de peligros, de pruebas, de dolor;
El manda que los vientos no agiten tempestad,
Los mares se detienen, la ola reposó,
Y en Cristo fijo el ancla, confiando más.

3

Mi dulce Salvador, sí, mi hermoso amigo y Dios,
Que libra de tristezas y aleja amarga hiel:
Por fe yo iré al cielo, mansión del ser de amor,
La fuente inagotable de dicha y bien.

53. EN LA CRUZ

1

Me hirió el pecado, fui a Jesús,
Mostréle mi dolor;
Perdido, errante, vi su luz,
Bendíjome en su amor.

CORO:

En la cruz, en la cruz,
Do primero vi la luz,
Y las manchas de mi alma yo lavé:
Fue allí por fe do vi a Jesús,
Y siempre feliz con él seré.

2

Sobre una cruz, mi buen Señor,
Su sangre derramó,
Por este pobre pecador
A quien así salvó.

3

Venció la muerte con poder,
Y al cielo se exaltó;
Confiar en él es mi placer,
Morir no temo yo.

Aunque él se fue solo no estoy:
Mandó al Consolador,
Divino Espíritu, que hoy
Me da perfecto amor.

54. QUE HAGA EN TI SU VOLUNTAD

1

¿Vivirás por Cristo, fiel a él al fin serás?
¿En la vía de paz, en pos de él andarás?
¿De la cruz al pie tus cuitas todas dejarás?
Que haga en ti su voluntad.

CORO:

Su gran poder, sus dones te dará,
El gozo y paz a tu alma volverá;
Del corazón las manchas limpiará,
Que haga en ti su santa voluntad.

2

¿Quieres ir en pos de Cristo y llevar la cruz?
¿Quieres conocer la paz que da Jesús?
¿Quieres que te guíe con la verdadera luz?
Que haga en ti su voluntad.

3

¿Quieres en el cielo tus amigos encontrar?
Debes preparar tu vida sin tardar.
¿Quieres a él sólo hoy tu vida consagrar?
Que haga en ti su voluntad.

55. EL MUNDO PERDIDO

1

El mundo perdido en pecado se vio:
¡Jesús es la luz del mundo!
Mas en las tinieblas la gloria brilló,
¡Jesús es la luz del mundo!

¡Ven a la luz, no quieras perder
Gozo perfecto al amanecer!
Yo ciego fui, mas ya puedo ver,
¡Jesús es la luz del mundo!

2

En día la noche se cambia con él, etc.
Irás en la luz si a su ley eres fiel, etc.

3

¡Oh, ciegos y presos del lóbrego error!, etc.
El manda lavaros y ver su fulgor, etc.

4

Ni soles ni lunas el cielo tendrá, etc.
La luz de su rostro lo iluminará, etc.

56. ¡OH, YO QUIERO ANDAR CON CRISTO!

1

¡Oh!, yo quiero andar con Cristo.
Quiero oír su tierna voz,
Meditar en su palabra,
Siempre andar de él en pos:
Consagrar a él mi vida,
Cumplir fiel su voluntad,
Y algún día con mi Cristo
Gozaré la claridad.

CORO:

¡Oh, sí, yo quiero andar con Cristo!
¡Oh, sí, yo quiero vivir con Cristo!
¡Oh, sí, yo quiero morir con Cristo!
Quiero serle un testigo fiel.

2

¡Oh!, yo quiero andar con Cristo,
El vivió en santidad,
En la Biblia yo lo leo
Y yo sé que es la verdad.
Cristo era santo en todo,
El Cordero de la cruz;
Y yo anhelo ser cristiano,
Seguidor de mi Jesús.

¡Oh!, yo quiero andar con Cristo,
De mi senda él es la luz,
Dejaré el perverso mundo
Y cargar aquí mi cruz.
Este mundo nada ofrece,
Cristo ofrece salvación;
Y es mi única esperanza
Gozar vida eterna en Sion.

57. GLORIA AL CORDERO

1

Cristo mío, me salvaste,
Tuyo soy, tuyo seré;
Por tu sangre derramada
Vida eterna gozaré.

CORO:

¡Gloria, gloria al Cordero!
¡Gloria, gloria a Jesús!
Ya soy limpio por su sangre,
¡Gloria, gloria a Jesús!

2

Mucho tiempo solo anduve,
Lejos de tu dulce amor,
Mas ahora por tu gracia
Tengo paz en ti, Señor.

3

En la fuente de la vida,
Fui limpiado por la fe;
Consagrado a tu servicio,
Para ti ya viviré.

4

¡Gloria a Cristo, el Cordero!
Que murió en una cruz;
¡Gloria a él!, me guarda siempre
En su gozo, paz y luz.

58. PUEDO ENTONCES CONOCERLE

1

Cuando aquí de mi vida mis afanes cesen ya
Y se anuncie bella aurora celestial,
En las playas del cielo mi llegada esperará,
Mi Señor con bienvenida paternal.

CORO:
Puedo entonces conocerle,
Y seguro en su seno estaré;
Cara a cara espero verle,
Y con él redimido viviré.

2

¡Oh!, qué gozo tendré yo cuando pueda ver su faz
Y en eterna vida esté con mi Señor;
De su lado ya nunca me podrán quitar jamás
Los halagos de mi fiero tentador.

3

He de ver a los seres que en la tierra yo perdí,
Cuando en brazos de la muerte los dejé:
Y aunque de ellos, entonces, con dolor me despedí,
¡Junto al trono de Jesús los hallaré!

4

Al entrar por las puertas de la célica ciudad,
Me uniré con los que ya triunfantes van,
Y del himno que alabe de mi Dios la majestad,
Los acentos por los siglos sonarán.

59. ¡TE QUIERO MI SEÑOR!

1

Te quiero, mi Señor, habita en mí,
Y vencedor seré por fe en ti.

CORO:
Te quiero, sí, te quiero, siempre te anhelo;
Bendíceme ahora, acudo a ti.

Te quiero, oh Jesús, mi Salvador;
Oh, hazme en verdad tu servidor.

3

Tu voluntad, Señor, enséñame,
Y de tu gran amor, ¡oh!, cólmame.

4

Oh, mi gran bienhechor, en tentación,
Concédeme valor y protección.

60. ESTRELLAS EN MI CORONA

1

Sin cesar siempre pienso en la tierra mejor,
Do al ponerse mi sol llegaré,
Y al hallarme en los cielos con Cristo el Señor
¿Mi corona de estrellas tendré?

CORO:

¿Mi corona tendrá sus estrellas allí
En las almas que yo rescaté?
Cuando el sol ya decline y me encuentre yo en ti:
¿Mi corona de estrellas tendré?

2

De la fuerza de Dios esperando el poder,
Trabajar quiero siempre y salvar
A las almas, y al fin, cual estrellas saber
Que en mis sienes irán a brillar.

3

¡Oh!, qué gozo en los cielos será para mí
Vivas gemas poner a sus pies:
Y tener en mi frente corona que allí
¡Ornen joyas de tal brillantez!

61. NADA HAY QUE ME PUEDA APARTAR

1

Nada hay que me pueda apartar
De Cristo y de su amor,
Pues él de veras sabe amar
Al pobre pecador.

CORO:

¡Yo te amo, oh mi Salvador!,
Más que a lo terrenal;
Me das consuelo, paz y amor,
Y el reino celestial.

2

Saber que Cristo es mi sostén,
Me alegra el corazón,
Pues él es mi supremo bien,
Me da la salvación.

3

Señor, si cerca estás de mí,
Se ahuyenta el temor;
Perdón completo encuentra en ti,
El pobre pecador.

4

Jesús, mi amable y buen Pastor,
De Dios supremo Don;
Aparta mi alma de dolor;
Me da consolación.

62. CON CRISTO YO IRE

1

Ya sea en el valle do el peligro esté
O que en la luz gloriosa de paz habite yo
A mi Jesús diré: «Tu voluntad haré»;
Si Cristo me guía doquiera yo iré.

CORO:

Si Cristo conmigo va, yo iré:
Yo no temeré, con gozo iré,
Conmigo va; es grato servir a Jesús,
Llevar la cruz:
Si Cristo conmigo va, yo iré.

2

Si al desierto quiere Jesús que vaya yo,
Llevando buenas nuevas de santa salvación;
Si allí, en dura lid, mi campo señaló,
A Cristo yo sigo sin más dilación.

3

Aunque mi parte sea mi dura cruz llevar,
Diré a mis hermanos también su gran poder;
Contento quedaré, mi luz haré brillar,
¡Testigo de Cristo, doquiera yo iré!

4

La voluntad de Cristo yo quiero obedecer,
Pues en la Santa Biblia encuentro mi saber
Y con su gran poder al mundo venceré,
Si él va conmigo, doquiera yo iré.

63.   DIOS OS GUARDE

1

Dios os guarde en su santo amor,
Hasta el día en que lleguemos,
A la patria do estaremos,
Para siempre con el Salvador.

CORO:

Al venir Jesús nos veremos
A los pies de nuestro Salvador;
Reunidos todos seremos,
Un redil con nuestro buen Pastor.

Dios os guarde en su santo amor,
En la senda peligrosa,
De esta vida tormentosa,
Os conserve en paz y sin temor.

3

Dios os guarde en su santo amor;
Os conduzca su bandera,
Y os esfuerce en gran manera,
Con su Espíritu Consolador.

4

Dios os guarde en su santo amor;
Con su gracia él os sostenga,
Hasta que el Maestro venga
A fundar su reino en esplendor.

64.   VOLUNTARIOS DE JESUS

1

Jesús está buscando voluntarios hoy,
Que a la ruda lucha luego puedan ir;
¿Quién está dispuesto a escuchar su voz,
Siendo voluntario listo a combatir?

CORO:

De Cristo voluntario, tú puedes ser,
Otros ya se alistan, hazlo tú;
Cristo es nuestro Jefe, no hay por qué temer;
¿Quieres ser un voluntario de Jesús?

2

Nos cercan las tinieblas densas del error;
Vamos sobre abismos hondos de maldad,
Y para destruirlas llama el Salvador
Muchos voluntarios que amen la verdad.

3

La lucha es contra el vicio, la pereza, el mal,
Contra la ignorancia de la ley de Dios;
Es una campaña que no tiene igual,
¿Quieres ir a ella de Jesús en pos?

4

El triunfo significa que domine el bien;
Que los hombres se amen, y que la verdad
Reine en las conciencias, siendo su sostén;
Y ha de ser si ayudas una realidad.

65.   A SOLAS CON JESUS

1

A solas al huerto yo voy,
Cuando duerme aún la floresta;
Y en quietud y paz con Jesús estoy
Oyendo absorto allí su voz.

CORO:
El conmigo está, puedo oír su voz,
Y que suyo dice seré;
Y el encanto que hallo en él allí,
Con nadie tener podré.

2

Tan dulce es la voz del Señor,
Que las aves guardan silencio,
Y tan sólo se oye esa voz de amor,
Que inmensa paz al alma da.

3

Con él encantado yo estoy,
Aunque en torno lleguen las sombras;
Mas me ordena a ir que a escuchar yo voy
Su voz doquier la pena esté.

66.   ¡SALUD! ¡SALUD!

1

Vengo a tus pies, Jesús, con llanto y dolor;
Misericordia ten de mí, un pobre pecador;
Sálvame, y te daré mi vida en loor;
¡Oh Salvador, tierno Cristo!

¡Salud! ¡Salud!, cantad a nuestro Dios.
La paz nos da, clamad en alta voz;
Salvación ya tengo y descanso dulce en él,
Yo soy salvado en Cristo.

2

Debo, pues, mis fuerzas y mi vida toda a ti:
Te las doy con gratitud y alegremente, sí;
Gratitud a ti que vida diste ya por mí,
Mi Salvador, Jesucristo.

3

Voces dad al pecador que anda sin sostén,
Sin la paz, buscándola, decidle: a Cristo ven;
El que me salvó quiere salvarte a ti también,
Cree en la sangre de Cristo.

4

Gloria a nuestro Salvador, por su gran salvación;
Gloria tributemos en la sala de oración,
Gloria cantaremos en canción de fuerte son,
Yo soy salvado por Cristo.

67.   DE MI TIERNO SALVADOR

1

De mi tierno Salvador
Cantaré el inmenso amor.
Gloriaréme en el favor de Jesús:
De tinieblas me llamó,
De cadenas me libró,
De la muerte me salvó, mi Jesús.

CORO:

¡Mi Jesús! ¡Mi Jesús!
¡Cuán precioso es el nombre de Jesús!
Con su sangre me limpió,
De su gozo me llenó,
De su vida me dotó, mi Jesús.

¡Oh, qué triste condición
Del impío corazón!
Me salvó de perdición, mi Jesús:
Del pecado, el perdón,
De la ruina, salvación:
Por tristeza, bendición, dio Jesús.

3

En el mundo al vagar,
Solitario sin hogar,
No sabía qué dulce paz da Jesús;
Mas las lágrimas de ayer
Han pasado y placer
Ya comienzo a tener, en Jesús.

4

De lo falso, a su verdad,
De lo inmundo, a santidad,
Ya me trajo la bondad de Jesús.
Hechos fuertes en virtud
De su perennal salud;
Himnos dad de gratitud a Jesús.

68. LIBRE ESTOY

1

Yo vagaba mucho tiempo en el terror,
Agobiado en el pecado y el temor;
Cuando vi al Salvador
Y escuché su tierna voz,
Mi Jesús me hizo libre por su amor.

CORO:

Libre estoy, libre estoy,
Por la gracia de Jesús libre estoy;
Libre estoy, libre estoy,
¡Aleluya, por la fe, libre estoy!

Yo vagaba mucho tiempo en el error,
Sin pensar en el amor del Salvador;
Yo vagaba más y más,
Lejos de mi Redentor,
¡Mas ahora por su muerte libre estoy!

3

Yo vagaba mucho tiempo en el error,
Mas ahora quiero andar con mi Señor;
Quiero oír su tierna voz,
Y seguirle siempre en pos,
¡Gloria, gloria sea a nuestro buen Pastor!

69.   PRECIOSO ES JESUS

1

Jesús es precioso, mi buen Salvador,
Por siempre le alabo por su gran amor;
Si débil me encuentro su fuerza me da,
El es mi precioso Jesús.

CORO:

Precioso es Jesús, mi Jesús,
Precioso es Jesús, mi Jesús;
Mi gloria será su rostro al mirar,
El es mi precioso Jesús.

2

Y cuando en pecado muy triste me vi,
Llamando a las puertas de mi corazón,
Me dijo: «Tu alma yo quiero salvar»;
El es mi precioso Jesús.

3

Mas ya por su gracia la luz puedo ver,
Quitó mi tristeza, mi llanto enjugó;
Por fe yo contemplo mi eterno hogar,
El es mi precioso Jesús.

4

Jesús es precioso, mi fiel Redentor,
Me gozo en su luz que en mi senda brilló;
Yo sé que glorioso por mí viene aquí,
El es mi precioso Jesús.

1

Hay un sueño inefable de Cristo el Señor,
Que ha de ser a su fin realidad;
Cada instante contemplo esa dulce visión,
Que es promesa de eterna verdad.

CORO:

Este sueño inefable secreto es de paz,
Que yo quiero impartirte en verdad;
Porque sueño mirar en la gloria su faz,
Y yo sé que será realidad.

2

Bien compensa por toda ansiedad y dolor
La esperanza que afirma mi fe;
Pues al ver a mi Rey en su real esplendor
Ni aun la sombra de pruebas tendré.

3

Cuando ya todo anuncie que el fin cerca está
No agitarme podrá la ansiedad:
Un suspiro no más, y la vida se irá,
Mas mi sueño será realidad.

71. **DIA FELIZ**

1

Feliz momento en que escogí
Servirte, mi Señor y Dios;
Preciso es que mi gozo en ti
Lo muestre hoy con obra y voz.

CORO:

¡Soy feliz! ¡Soy feliz!
Y en su favor me gozaré;
En libertad y luz me vi
Cuando triunfó en mí la fe;
Y el raudal carmesí
Salud de mi alma enferma fue.

2

¡Pasó! Mi gran deber cumplí;
De Cristo soy, y mío es él;
Me atrajo: con placer seguí;
Su voz conoce todo fiel.

3

Reposa débil corazón;
A tus contiendas pon ya fin,
Hallé más noble posesión,
Y parte en superior festín.

4

Solemne voto, ofrenda, flor,
Que al cielo santo consagré;
Hoy sé mi título de honor,
Después testigo de mi fe.

72. HAY QUIEN VIGILE

1

Hay quien vele mis pisadas,
En la sombra y en la luz;
Por las sendas escarpadas
Velará por mí, Jesús.
Por los valles, por los montes,
Do me lleva su bondad,
Miro ya los horizontes
De una nueva claridad.

CORO:

Hay quien vele mis pisadas,
Y mi senda trazará;
A las célicas moradas
Es Jesús quien me guiará.

2

Hay contacto que me explica
La presencia del Señor;

El las penas santifica,
Y me libra del temor.
Cristo con su mano herida
Protección me puede dar,
Cuando cruzo de la vida
El inquieto y fiero mar.

3

Hay un corazón amante,
De infinita compasión
Que confiere paz constante
Al contrito corazón.
En su amor hay eficacia,
El es un amigo fiel;
Hay en él verdad y gracia,
Suyo soy y mío es él.

73.   JAMAS SE DICE ADIOS ALLA

1

Amigos con placer nos vemos
En tiempo tan veloz;
Mas siempre llega el tiempo triste
En que se dice adiós.

CORO:

Jamás se dice adiós allá,
Jamás se dice adiós:
En el país de gozo y paz,
Jamás se dice adiós.

2

¡Cuán dulce es el consuelo dado
Por ellos al partir,
Que al venir Jesús en gloria,
Nos hemos de reunir!

3

La voz de triste despedida
Jamás allí se oirá,
Mas la canción de paz y gozo
Por siempre durará.

1

Cuando estés cansado y abatido,
Dilo a Cristo, dilo a Cristo;
Si te sientes débil, confundido,
Dilo a Cristo el Señor.

CORO:

Dilo a Cristo, dilo a Cristo,
El es tu amigo más fiel;
No hay otro amigo como Cristo,
Dilo tan sólo a él.

2

Cuando estés de tentación cercado,
Mira a Cristo, mira a Cristo;
Cuando rujan huestes de pecado;
Mira a Cristo el Señor.
CORO: Mira a Cristo, etc.

3

Si se apartan otros de la senda,
Sigue a Cristo, sigue a Cristo;
Si acrecienta en torno la contienda,
Sigue a Cristo el Señor.
CORO: Sigue a Cristo, etc.

4

Cuando llegue la final jornada,
Fía en Cristo, fía en Cristo;
Te dará en el cielo franca entrada,
Fía en Cristo el Señor.
CORO: Fía en Cristo, etc.

75. TUYO SOY, JESUS

1

Tuyo soy, Jesús, ya escuché la voz,
De tu amor hablándome aquí;
Mas anhelo en alas de fe subir,
Y más cerca estar de ti.

CORO:
Aún más cerca, cerca de tu cruz:
Llévame, ¡oh Salvador!
Aún más cerca, cerca, cerca de tu cruz,
Llévame, ¡oh buen Pastor!

2

A seguirte a ti me consagro hoy,
Constreñido por tu amor,
Y mi espíritu, alma y cuerpo doy
Por servirte, mi Señor.

3

¡Oh, cuán pura y santa delicia es
De tu comunión gozar;
Y contigo hablar, y tu dulce voz
Cada día escuchar!

4

De tu grande amor no comprenderé
Cuál es la profundidad,
Hasta que contigo, Jesús, esté
En gloriosa eternidad.

76. EL CONSOLADOR HA VENIDO

1

Doquier el hombre esté, la nueva proclamad,
Doquier haya aflicción, miserias y dolor;
Cristianos, anunciad que el Padre nos envió,
El fiel Consolador.

CORO:
El fiel Consolador, el fiel Consolador,
Que Dios nos prometió, al mundo descendió:
Doquier el hombre esté, decid que vino ya,
El fiel Consolador.

2

La noche ya pasó, y al fin brilló la luz,
Que vino a disipar las sombras del terror,
Así del alma fue aurora celestial,
El fiel Consolador.

El es quien da salud, y plena libertad,
A los que encadenó el fiero tentador;
Los rotos hierros hoy dirán que vino ya
El fiel Consolador.

4

¡Oh grande eterno amor!, mi lengua débil es
Para poder hablar del don que recibí,
Al renovar en mí, la imagen celestial,
El fiel Consolador.

77. CUANDO DIOS LA SANGRE VE

1

Mi Redentor murió en la cruz;
Quien le reciba, tendrá la luz;
Por pecadores todo él pagó,
Ya sus maldades Jesús perdonó.

CORO:
Cuando Dios la sangre ve,
Cuando Dios la sangre ve,
En la cual el pecador
Se lavó, le verá con favor.

2

A los más malos él salvará,
Como promete, así lo hará:
En él confía, ¡oh pecador!,
Vida eterna te da el Señor.

3

El juicio viene, allí estarás,
Si le rechazas, triste saldrás,
No te detengas, ven a Jesús,
Quien tus pecados llevó en la cruz.

4

¡Qué maravilla de gran amor,
Cristo mostró por el pecador!
«El que creyere salvo será»,
Goces eternos él disfrutará.

A TI Y A MI

1
¡Cuán tiernamente nos está llamando
Cristo a ti y a mí!
El nos espera con brazos abiertos;
Llama a ti y a mí.

CORO:
Venid, ... Venid, ...
Si estáis cansados, venid;
¡Cuán tiernamente os está llamando!
¡Oh pecadores, venid!

2
¿Por qué tememos si está abogando
Cristo por ti y por mí?
Sus bendiciones está derramando,
Siempre por ti y por mí.

3
El tiempo vuela, lograrlo conviene,
Cristo te llama a ti;
Vienen las sombras y la muerte viene,
Viene por ti y por mí.

79. PUEDO OIR TU VOZ LLAMANDO

1
||Puedo oír tu voz llamando,||
Trae tu cruz y ven en pos de mí.

CORO:
||Seguiré do tú me guíes,||
Dondequiera fiel te seguiré.

2
||Yo te seguiré en el huerto,||
Sufriré contigo, mi Jesús.

3
||Sufriré por ti, Maestro,||
Moriré contigo, mi Jesús.

4
||Me darás la gracia y gloria,||
Y por siempre tú me guiarás.

80. PUEDO OIR TU VOZ LLAMANDO

1

Puedo oír la voz de Cristo,
Tiernamente está llamando,
Puedo oír el llamamiento:
Trae tu cruz y ven en pos de mí.

CORO:

Seguiré do tú me guíes,
Seguiré do tú me guíes,
Salvador, seguirte quiero,
Dondequiera fiel te seguiré.

2

Yo te seguiré en el huerto,
Por la vía dolorosa,
Y con mi alma tan gozosa,
Sufriré contigo, mi Jesús.

3

Sufriré por ti, Maestro,
No me faltará tu mano:
Y si tú irás conmigo,
Moriré contigo, mi Jesús.

4

Me darás tu plena gracia,
Yo veré tu eterna gloria,
Contaré la antigua historia,
Y por siempre tú me guiarás.

81. LA BANDERA DE LA CRUZ

1

Cual pendón hermoso despleguemos hoy
La bandera de la cruz,
La verdad del evangelio, el blasón
Del soldado de Jesús.

¡Adelante, adelante,
En pos de nuestro Salvador!
Con plena fe en nuestro Rey,
¡Adelante con valor!

2

Prediquemos siempre lo que dice Dios
De la sangre de Jesús;
Cómo limpia del pecado al mortal,
Y le compra la salud.

3

En el mundo proclamemos con fervor
Esta historia de la cruz:
Bendigamos sin cesar al Redentor
Que nos dio su paz y luz.

4

En el cielo nuestro cántico será:
¡Aleluya a Jesús!
Nuestro corazón allí rebosará
De amor y gratitud.

82. VEN PECADOR

1

Cristo está llamando, ven pecador,
Por ti estoy rogando, ven pecador;
Si tú anhelas verle, ven pecador,
Hoy puedes conocerle, ven pecador.

2

Si vas del mal cargado, ven pecador,
El puede quitar tu carga, ven pecador;
El quiere recibirte, ven pecador,
El espera redimirte, ven pecador.

3

Cristo podrá salvarte, ven pecador,
El es pastor divino, ven pecador;
Su bendición imparte, ven pecador;
Por ti estoy rogando, ven pecador.

83. ¡OH, VEN SIN TARDAR!

1

¡Oh, no rechaces la verdad!
Tus ojos hoy abre a la luz;
Renuncia toda la maldad,
Y ven a Jesús.

CORO:
¡Oh, ven sin tardar! ¡Oh, ven sin tardar!
Acepta a Jesús, y salvo serás.

2

Tus ojos ya tal vez el sol
No más aquí contemplarán:
Hoy es el día de salvación,
¡Oh, ven a Jesús!

3

Jesús te tiene compasión;
¿Con qué su amor le pagarás?
Hoy trae a él tu corazón,
Y salvo serás.

4

Jesús recibe al pecador
Que quiera a él su alma unir;
Ya no desprecies más su amor,
¡Oh, ven a Jesús!

84. ¿SOY YO SOLDADO DE JESUS?

1

¿Soy yo soldado de la cruz,
Y siervo del Señor?
No temeré llevar su cruz,
Sufriendo por su amor.

CORO:
Después de la batalla nos coronará,
Dios nos coronará, Dios nos coronará;
Después de la batalla nos coronará,

En aquella santa Sion:
Más allá, más allá, en aquella santa Sion
Después de la batalla nos coronará
En aquella santa Sion.

2

Lucharon otros por la fe,
¿Cobarde habré de ser?
Por mi Señor yo pelearé,
Confiando en su poder.

3

Es menester que sea fiel,
Que nunca vuelva atrás;
Que siga siempre en pos de él,
Y me guiará en paz.

85. ¡OJALA FUERA HOY!

1

Viene otra vez nuestro Salvador,
¡Oh, que si fuera hoy!
Para reinar con poder y amor,
¡Oh, que si fuera hoy!
Ya por su esposa viene esta vez,
Purificada en su grande amor;
Del mundo por la redondez,
¡Oh, que si fuera hoy!

CORO:

¡Gloria!, ¡gloria!, gozo sin fin traerá,
¡Gloria!, ¡gloria! al coronarle Rey;
¡Gloria!, ¡gloria!, la senda preparad;
¡Gloria!, ¡gloria!, Cristo viene otra vez.

2

Terminará el poder de Satán,
¡Ojalá fuera hoy!
No más tristezas aquí verán,
¡Ojalá fuera hoy!
Todos los muertos en Cristo irán
Arrebatados por su Señor:
¿Cuándo estas glorias aquí vendrán?
¡Ojalá fuera hoy!

Fieles y leales nos debe hallar,
Si él viniera hoy;
Todos velando con gozo y paz,
Si él viniera hoy.
Multiplicadas señales hay,
En el oriente se ve el albor,
Ya más cercano el tiempo está,
¡Ojalá fuera hoy!

86. TENGO QUE GUARDAR

1

Yo tengo que guardar
Un alma inmortal,
Y prepararla para entrar
Al reino celestial.

2

Para este gran deber,
Mi Dios, poder llenar,
A tu servicio, hoy mi ser
Te quiero consagrar.

3

Tu hijo quiero ser
De todo corazón,
Y para siempre poseer
Tu eterna bendición.

4

Ayúdame a velar,
Confírmame en la fe;
Si en ti yo puedo siempre fiar
Por siempre viviré.

87. EL AMOR DE JESUCRISTO

1

Del santo amor de Cristo que no tendrá su igual,
De su divina gracia, sublime y eternal:
De su misericordia, inmensa como el mar
Y cual los cielos alta, con gozo he de cantar.

CORO:

El amor de mi Señor, grande y dulce es más y más:
Rico e inefable, nada es comparable
Al amor de mi Jesús.

2

Cuando él vivió en el mundo la gente lo siguió,
Y todas sus angustias en él depositó:
Entonces, bondadoso, su amor brotó en raudal,
Incontenible, inmenso, sanando todo mal.

3

El puso en las pupilas del ciego nueva luz:
La eterna luz de vida que centellea en la cruz;
Y dio a las almas todas la gloria de su ser,
Al impartir su gracia, su Espíritu y poder.

4

Su amor, por las edades del mundo es el fanal
Que marca esplendoroso la senda del ideal;
Y el paso de los años lo hará más dulce y más
Precioso al darle al alma su incomparable paz.

88.   CERCA, MAS CERCA

1

Cerca, más cerca, ¡oh Dios, de ti!
Cerca yo quiero mi vida llevar;
Cerca, más cerca, ¡oh Dios, de ti!
||Cerca a tu gracia que puede salvar.||

2

Cerca, más cerca, cual pobre soy,
Nada, Señor, yo te puedo ofrecer:
Sólo mi ser contrito te doy,
||Pueda contigo la paz obtener.||

3

Cerca, más cerca, Señor, de ti,
Quiero ser tuyo, dejando el pecar:
Goces y pompas vanas aquí,
||Todo, Señor, pronto quiero dejar.||

Cerca, más cerca, mientras el ser
Aliente vida y busque tu paz;
Y cuando al cielo pueda ascender,
||Ya para siempre conmigo estarás.||

89. ¡OH, EXCELSA GRACIA DEL AMOR!

1

Por fe en Jesús, el Salvador,
Se hace salvo el pecador;
Sin merecer tan rico don,
Recibe plena salvación.
CORO:
¡Oh excelsa gracia del amor,
Que Dios perdona al pecador!
Si presto está a confesar
Sus culpas y en Jesús confiar;
No hay otro autor de salvación,
Pues Cristo obró la redención.

2

La vida antigua ya pasó,
Y todo nuevo se tornó;
Aquí cual peregrino es,
Hogar con Dios tendrá después.

3

Aun cuando él nada tenga aquí,
Su gran herencia tiene, sí,
Arriba en gloria con Jesús.
Quien le ha salvado por su cruz.

90. YO ANDO CON CRISTO

1

Muy triste en pecado y en noche me vi,
Mas ya vivo alegre, a Cristo volví;
Y todos los días yo canto a Jesús,
Yo ando con Cristo y tengo su luz.

Yo voy con el Rey, ¡Aleluya!
Yo ando con Cristo el Rey;
No vago ya más, al cielo me voy:
Tan sólo de Cristo yo soy.

2

Por años y años sin Cristo viví,
Y nunca en mi vida feliz yo me vi;
Mas hoy con las aves elevo mi voz,
Y canto feliz, pues del Rey voy en pos.

3

¡Oh alma que estás en el valle sin luz,
Si miras arriba verás a Jesús!
¡Ven alto, más cerca, ven pronto al Señor!
Es Cristo tu luz y tu fiel Salvador.

91. YA SALVO SOY

1

Mis culpas todas borró Jesús
Con infinito amor;
Cargó con ellas en cruenta cruz
En medio de mortal dolor.

CORO:

Salvo por él yo soy,
Salvo por su poder:
A vida nueva Jesús me ha llevado,
¡Ya salvo soy!

2

En densas sombras anduve yo
Cuando en maldad viví,
Y mi alma nunca la paz halló,
Ni gozo alguno yo sentí.

3

Gloriosa vida de libertad
Disfruto yo por él;
Ya no hay temores, no hay ansiedad,
Porque él me guarda siempre fiel.

Eterno canto en mi corazón
Elevo al Redentor;
Negar no puedo su salvación,
Negar no puedo, no, su amor.

92.   BRILLA EN TU LUGAR

1

Nunca esperes el momento de una grande acción,
Ni que pueda lejos ir tu luz;
De la vida a los pequeños actos de atención,
Brilla en el sitio donde estés.

CORO:
Brilla en el sitio donde estés,
Brilla en el sitio donde estés:
Puedes con tu luz algún perdido rescatar,
Brilla en el sitio donde estés.

2

Puedes en tu cielo alguna nube disipar,
Haz a un lado tu egoísmo cruel;
Aunque sólo un corazón pudieres consolar,
Brilla en el sitio donde estés.

3

Puede tu talento alguna cosa descubrir
Do tu luz podrá resplandecer;
De tu mano el pan de vida puede aquí venir,
Brilla en el sitio donde estés.

93.   LA GLORIOSA APARICION

1

Día de victoria y gran resplandor,
Cuando Cristo volverá;
¡Qué glorioso encuentro con mi Salvador,
En las nubes se verá!

En las nubes él vendrá,
En aquel día final;
Cristo el Salvador muy pronto volverá,
¡Un gran día sin igual!

2

Día de gran gozo, día sin igual,
Cuando Cristo volverá;
De esta tierra iremos a la celestial,
Cristo allí nos honrará.

3

Oye la trompeta que anunciando está
La venida del Señor;
Ya no más dolores, ni afán allá;
¡Con Jesús triunfó el amor!

94. DIOS ES AMOR

1

En pecados y temor el Salvador me vio,
Aunque indigno pecador su mano me tendió:
En Calvario al morir mi vida rescató;
En la cruz salud por mí él consumó.

CORO:

Ven al Señor, ¡oh pecador!
El es tu amigo fiel: Ven, pecador.
Ven al Señor, Dios es amor,
Escucha su tierna voz. Ven, pecador.

2

De la tumba ya surgió mi Redentor Jesús,
Y la muerte ya venció, dándome plena luz;
Te convida a gozar de esta bendición
Que poseo yo también, la salvación.

3

A los cielos ascendió Cristo mi Salvador,
A la diestra de Jehová está el Mediador:
Intercede en tu favor, ven pronto, pecador,
No desprecies esta voz, es del Señor.

95. MAS CUAL JESUS

1

Más cual mi Cristo quiero siempre ser,
Más mansedumbre, y su amor tener;
Celo en servirle, fidelidad mostrar,
Más consagrado, y las nuevas publicar.

CORO:

Toma mi ser, lo doy, Señor, a ti,
Mi corazón, imploro limpies, sí;
Toma mi ser, es tuyo en verdad,
Tenme, soy tuyo, por la eternidad.

2

Más cual mi Cristo es mi oración,
Más fuerza tenga, más resignación;
Más serio siempre, más rendido aquí,
Y los perdidos llevarlos sólo a ti.

3

Más cual mi Cristo, en mi devoción,
De su cariño, grande compasión;
Cual él paciente, humilde y veraz,
Es mi anhelo en el mundo ver tu paz.

96. ¡SANTO! ¡SANTO! ¡SANTO!

1

¡Santo! ¡Santo! ¡Santo! Señor Omnipotente,
Siempre el labio mío loores te dará;
¡Santo! ¡Santo! ¡Santo! te adoro reverente,
Dios en tres personas, bendita Trinidad.

2

¡Santo! ¡Santo! ¡Santo! en numeroso coro,
Santos escogidos te adoran con fervor;
De alegría llenos, y sus coronas de oro,
Rinden ante el trono glorioso del Señor.

¡Santo! ¡Santo! ¡Santo! la inmensa muchedumbre
De ángeles que cumplen tu santa voluntad:
Ante ti se postra bañada con tu lumbre:
Ante ti que has sido, que eres y serás.

4

¡Santo! ¡Santo! ¡Santo! por más que estés velado,
E imposible sea tu gloria contemplar;
Santo tú eres sólo, y nada hay a tu lado,
En poder perfecto, pureza y caridad.

5

¡Santo! ¡Santo! ¡Santo!, la gloria de tu nombre
Vemos en tus obras, en cielo, tierra y mar;
¡Santo! ¡Santo! ¡Santo! te adorará todo hombre,
Dios en tres personas, bendita Trinidad.

97. CUANDO EL VINO A MI CORAZON

1

¡Cuán glorioso es el cambio operado en mi ser
Viniendo a mi vida el Señor!
Hay en mi alma una paz que yo ansiaba tener:
La paz que me trajo su amor.

CORO:

¡El vino a mi corazón!
¡El vino a mi corazón!
Soy feliz con la vida que Cristo me dio,
Cuando él vino a mi corazón.

2

Ya no voy por la senda que el mal me trazó,
Do sólo encontré confusión;
Mis errores pasados Jesús los borró,
Cuando él vino a mi corazón.

3

Ni una sombra de duda oscurece su amor,
Amor que me trajo el perdón:
La esperanza que aliento la debo al Señor,
Cuando él vino a mi corazón.

98. GUIAME ¡OH! SALVADOR

1

Guíame, ¡oh Salvador!,
Por la vía de salud;
A tu lado no hay temor:
Sólo hay gozo, paz, quietud.

CORO:

¡Cristo! ¡Cristo!
No me dejes, ¡oh Señor!
Siendo tú mi guía fiel,
Seré más que vencedor.

2

No me dejes, ¡oh Señor!,
Mientras en el mundo esté;
Y haz que arribe sin temor
Do feliz por fin seré.

3

Tú de mi alma salvación,
En la ruda tempestad:
Al venir la tentación,
Dame ayuda por piedad.

99. NADA DE SOMBRAS

1

No habrá sombras en el valle de la muerte
Cuando cese de la vida el batallar,
Y escuchemos del Señor el llamamiento,
Ya llevándonos con él a descansar.

CORO:

Sombras, nada de sombras
Al dejar el mundo de dolor;
Sombras, nada de sombras
Cuando al cielo llegue vencedor.

2

Al dejarnos los que amamos no habrá sombras,
Si su fe depositaron en Jesús;
Porque irán para vivir por las edades,
Con quien quiso redimirlos en la cruz.

Cuando venga por los suyos no habrá sombras,
Pues su gloria y majestad las destruirán:
Y las huestes redimidas con su Jefe,
A las célicas mansiones entrarán.

100.   A LOS PIES DE JESUCRISTO

1

A los pies de Jesucristo
Es el sitio aquí mejor,
Escuchando cual María
Las palabras de su amor.

CORO:

A los pies de Jesucristo
Gozaré su comunión,
Pues su mano fiel y tierna
Me ha provisto protección.

2

A los pies de Jesucristo
Hallo tierna compasión;
El quitó ya mis afanes,
Ya me ha dado bendición.
¡Puedo yo decirle a Cristo
Mis cuidados y temor!
Y con él tendrá mi alma
Gozo, paz, eterno amor.

3

A los pies de Jesucristo
Yo tendré su bendición;
En sus ojos hay dulzura
Y en su seno protección.
¡Qué feliz es el momento
Que yo paso junto a ti!
Ya anhelo el encuentro
Cuando vengas tú por mí.

101. EL GRAN DIA VIENE

1

El gran día viene,
Muy pronto viene,
El gran día del juicio final:
Cuando justos y malos el gran Juez apartará:
Esperemos el juicio final.

CORO:
¿Estás listo? ¿Estás listo?
La trompeta ya da la señal;
¿Estás listo, esperando
El juicio final?

2

Día triste viene,
Muy pronto viene
El gran día del juicio final;
Cuando el pueblo rebelde reprobado allí será:
Esperemos el juicio final.

3

El gran día viene,
Muy pronto viene,
Cuando Cristo vendrá en poder;
Mas el gozo lo sienten los amados del Señor:
Esperemos a nuestro Señor.

102. PODER PENTECOSTAL

1

Unánimes junto a la cruz,
Pedimos con fervor;
Según tu dicho, oh Jesús,
Manda el Consolador.

CORO:
Sí, manda otra lluvia,
¡Oh buen Salvador!
Y con tu gran fuego avívanos, Señor;
¡Oh!, danos la lluvia, del Consolador,
Aviva tu iglesia con poder celestial.

2

Cual vivo fuego o vendaval,
¡Oh!, hazlo descender;
Y pueda hoy en cada cual
Su templo establecer.

3

Mediante fe y oración,
El cielo tú abrirás:
El santo fuego harás bajar
Y nos avivarás.

4

Destruye el egoísmo, sí,
Y quema todo mal;
Ven, vivifícanos aquí,
Con fuego celestial.

103. CUANDO ANDEMOS CON DIOS

1

Cuando andemos con Dios, escuchando su voz,
Nuestra senda florida será;
Si acatamos su ley, él será nuestro Rey,
Y con él reinaremos allá.

CORO:

O..............be..............de..............cer,
Cumple a nuestro deber;
Si queréis ser felices,
Debéis obedecer.

2

Cuando Cristo murió, nuestro llanto enjugó,
Proclamarle debemos doquier:
Gozarás del amor, de tu Rey y Señor,
Si obediente le quieres tú ser.

No podremos probar sus delicias sin par,
Si seguimos mundano el placer:
Obtendremos su amor, y el divino favor,
Si sus leyes queremos hacer.

104. MI CULPA EL LLEVO

1

Cansado y triste vine al Salvador,
Mi culpa él llevó, mi culpa él llevó;
Mi eterna dicha hallé en su amor,
Mi culpa él llevó.

CORO:

Mi culpa él llevó, mi culpa él llevó,
¡Alegre siempre cantaré!
Al Señor gozoso alabaré,
Porque él me salvó.

2

Borrados todos mis pecados son, etc.
A él feliz elevo mi canción, etc.

3

Ya vivo libre de condenación, etc.
Su dulce paz tengo en mi corazón, etc.

4

Si vienes hoy a Cristo, pecador,
Tu culpa llevará, tu culpa llevará.
Perdón tendrás si acudes al Señor,
Tu culpa llevará.

CORO:

Tu culpa llevará, tu culpa llevará,
Y limpiará tu corazón,
Y dirás feliz en tu canción:
Mi culpa él llevó.

105. EN MEDIO DE MORTAL DOLOR

1

En medio de mortal dolor,
La cruenta cruz yo vi:
Y allí raudal de gracia hallé,
Bastante para mí.

CORO:

En la cruz fluye sin cesar,
Insondable cual es el mar,
Esta gracia que brota allí,
Basta para mí.

2

Sufriendo fue mi corazón,
Y apenas pude allí
Creer que gracia habría de hallar
Bastante para mí.

3

Cuando en la cruz clavadas ya,
Mis culpas yo sentí;
Raudal de gracia a mí entró,
Bastante para mí.

4

Cuando en el cielo con Jesús,
Alegre cante allí,
Diré que aquella gracia fue
Bastante para mí.

106. LA SENDA ES ESTRECHA

1

Ya no es mi vida cual antes fue,
Borrado el pecado está:
Hoy canto feliz: ¡Aleluya!
Y voy feliz al dulce hogar.

La senda es muy estrecha mas la sigo,
La sigo, la sigo;
La senda es muy estrecha mas la sigo:
Yo la sigo por las huellas de Jesús.

2

Mi vida fue cruel desilusión,
Ni amigo constante hallé:
Mas luz y muy grato consuelo
Hallé en mi buen Salvador.

3

Ya no más luto ni cruel pesar,
Cual nubes huyeron ya;
Al cielo yo miro gozoso,
Do hay gloria, gloria sin fin.

107. HUBO QUIEN POR MIS CULPAS

1

Hubo quien por mis culpas muriera en la cruz
Aun indigno y vil como soy;
Soy feliz, pues su sangre vertió mi Jesús,
Y con ella mis culpas borró.

CORO:

Mis pecados llevó, en la cruz do murió
El sublime, el tierno Jesús,
Los desprecios sufrió, y mi alma salvó,
El cambió mis tinieblas en luz.

2

El es tierno y amante, cual nadie lo fue,
Pues convierte al infiel corazón;
Y por esa paciencia y ternura yo sé
Que soy libre de condenación.

3

Es mi anhelo constante a Cristo seguir:
Mi camino su ejemplo marcó;
Y por darme la vida él quiso morir:
En su cruz mi pecado clavó.

108. EL NOMBRE DE JESUS

1

¡Tan dulce el nombre de Jesús!
Sus bellas notas al cantar;
Que mi alma llena al proclamar
¡El nombre de Jesús!

CORO:

Cristo, ¡oh, qué dulce es!
Cristo, para siempre es;
Cristo, yo te aclamaré,
Por siempre, ¡oh mi Cristo!

2

Adoro el nombre de Jesús;
Jamás me faltará su amor:
Y pone aparte mi dolor
¡El nombre de Jesús!

3

Tan puro el nombre de Jesús,
Que mi pesar pudo quitar,
Y grata paz a mi alma dar,
¡El nombre de Jesús!

4

El dulce nombre de Jesús
Por siempre quiero alabar:
Y todos deben ensalzar
¡El nombre de Jesús!

109. LLAMA PENTECOSTAL

1

Fuego divino, clamamos a ti,
Ven de lo alto, desciende aquí;
¡Oh, ven!, despiértanos con tu fulgor;
Ven, y avívanos con tu calor.

CORO:

Baja del cielo, bendito fuego,
Baja, poder celestial;
Baja del cielo, bendito fuego,
Ven, llama Pentecostal.

2

Baja, Espíritu Consolador,
Baja y llénanos de santo amor:
Al mundo baja cual dijo Jesús;
Danos poder, vida, gracia y luz.

3

En mi alma arde, ¡oh! llama de amor,
Arde en mi pecho y dame valor;
Consume todos los restos del mal,
Desciende ya, fuego Pentecostal.

110. HE CONSAGRADO A MI JESUS

1

He consagrado a mi Jesús
Mi vida y mi amor;
Y al cargar aquí mi cruz
Me ayuda el Señor.

CORO:

En Jesús tengo paz, dulce paz,
En Jesús tengo paz, dulce paz;
El Espíritu mora en mí,
Y en mi alma hay dulce paz.

2

En toda lucha tengo luz,
Jesús conmigo está;
No temeré llevar la cruz:
Su gracia me dará.

3

Con sufrimientos mi Jesús
Compró mi salvación:
Muriendo allá en una cruz,
Me dio consolación.

111. LAS PISADAS DEL MAESTRO

1

Quiero seguir las pisadas del Maestro;
Quiero ir en pos de mi Rey y Señor;
Y modelando por él mi carácter,
Canto con gozo a mi Redentor.

CORO:

¡Qué hermoso es seguir las pisadas del Maestro!
Siempre en la luz, cerca de Jesús;
¡Qué hermoso es seguir las pisadas del Maestro!
En su santa luz.

2

Ando más cerca de él que me guía,
Cuando el maligno me quiere tentar:
Siempre confiando en Cristo, mi fuerte,
Debo con gozo su nombre ensalzar.

3

Sigo sus pasos de tierno cariño,
Misericordia, amor y lealtad;
Viendo hacia él por el don de la gracia,
Voy al descanso, gloriosa ciudad.

4

Quiero seguir las pisadas del Maestro;
Siempre hacia arriba con él quiero andar,
Viendo a mi Rey en gloriosa hermosura
Con él en gloria podré descansar.

112. UN DIA CRISTO VOLVERA

1

Un día Cristo volverá,
Promesa fiel ¿faltar?, ¡jamás!
Como se fue así vendrá,
Y su pueblo ha de ver al Rey Jesús.

Muy pronto, sí, Jesús vendrá,
Y alegre le verá su pueblo;
¡Velad! ¡Orad!, el Rey vendrá,
Los suyos arrebatará.

2
Los mensajeros del Señor
Afirman que vendrá Jesús;
Y el buen fiel Consolador
Las promesas ya sacó a plena luz.

3
¡Oh, gloria sin comparación
Será mirar a nuestro Rey!
Reciben todos bendición,
Esperando ese día, son tu grey.

4
¡Oh bienvenido Rey Jesús!
Tu Iglesia te espera aquí;
Muy pronto ha de ver tu faz,
Y gozar de tus laureles siempre allí.

113. GRACIAS SEAN DADAS AL BUEN SALVADOR

1
Gracias sean dadas al buen Salvador,
Libre es su amor, libre es su amor;
Ha preparado para el pecador
Fuente preciosa de amor.
Y si tú quieres en Cristo confiar,
Libre es su amor, libre es su amor,
De vida eterna irás a gozar;
Inagotable es su amor.

CORO:
Tierno te llama Jesús, ¿quieres ir?
¡Oh pecador! ¡Oh pecador!
El ha dejado en la cruz al morir,
Fuente preciosa de amor.

2
¿Por qué viviendo en pecado has de estar?
Libre es su amor, libre es su amor:

Llama el Espíritu, ven sin tardar,
Inagotable es su amor,
Deja tinieblas por luz celestial, etc.
Hoy mismo quiere librarte de mal;
Inagotable es su amor.

3

El que creyere perdón obtendrá, etc.
Ven, al momento te bendecirá,
Inagotable es su amor,
Jesús te espera, óyele llamar, etc.
Fe en su nombre te ha de salvar;
Inagotable es su amor.

114.   EN JESUS MI SEÑOR ENCONTRE DULCE PAZ

1

En Jesús, mi Señor, encontré dulce paz,
En Jesús quien por mí se entregó;
Si acudieres a él este don tú tendrás,
Ve, que a nadie jamás rechazó.

CORO:

¡Sublime don!, ¡don sin igual!
Solamente él podrá conceder;
Es un rayo de luz —de su luz celestial,
Que en nosotros él quiere encender.

2

En Jesús encontré inefable perdón,
Cuando a él suplicante acudí;
En amor encendió mi falaz corazón,
Y por él nueva fe recibí.

3

En Jesús nueva vida tendrás, pecador,
Sin tardanza dirígete a él:
En tu pecho pondrá nueva fe, nuevo amor
Y después siempre sírvele fiel.

115. DULCE CONSUELO

1

En Jesucristo, mártir de paz,
En horas negras de tempestad;
Hallan las almas dulce solaz,
Grato consuelo, felicidad.

CORO:

¡Gloria cantemos al Redentor!
Que por nosotros quiso morir;
La santa gracia del Salvador
Siempre dirija nuestro vivir.

2

En los peligros, en el dolor,
A cada paso su protección;
Calma le infunde, santo vigor,
Nuevos alientos al corazón.

3

Cuando en la lucha falta la fe,
Y el alma siente desfallecer,
Cristo nos dice: «Yo os colmaré
De rica gracia, santo poder.»

116. SI CREYERE PUEDE A EL VENIR

1

¡Oh qué gozo yo siento en mi corazón,
No hay más oscuridad!
En Jesús he hallado gran bendición,
Borró ya mi maldad.

CORO:

Si creyere, puede a él venir,
Puede a él venir, sí, puede a él venir;
Si creyere puede a él venir,
Jesucristo salvará.

Alabado es Cristo el Redentor,
Su gloria desciende aquí;
Ha lavado las culpas del pecador,
Su sangre carmesí.

3

¡Qué merced! ¡Qué amor el Señor mostró!
Muriendo en dura cruz;
Y las puertas abrió el buen Redentor,
Al cielo y eterna luz.

117.   AMA EL PASTOR SUS OVEJAS

1

¡Ama el Pastor sus ovejas!
Con un amor paternal;
¡Ama el Pastor su rebaño!
Con un amor sin igual;
¡Ama el Pastor a las otras
Que descarriadas están,
Y conmovido las busca
Por dondequiera que van!

CORO:

Por el desierto errabundas
Vense sufrir penas mil;
Y al encontrarlas, en hombros,
Llévalas tierno al redil.

2

¡Ama el Pastor sus corderos.
Amalos tierno el Pastor!
A los que a veces, perdidos,
Se oyen gemir de dolor:
Ved al Pastor conmovido
Por los collados vagar;
Y los corderos en hombros,
Vedlo llevando al hogar.

¡Ama las noventa y nueve,
Que en el aprisco guardó!
¡Ama las que, descarriadas,
Por el desierto dejó!
«¡Oh, mis ovejas perdidas!»
—Clama doliente el Pastor—
«¿Quiénes vendrán en mi ayuda,
Para salvarlas, Señor?»

4

Son delicados tus pastos
Y quietas tus aguas son;
Henos aquí, ¡oh Maestro!,
Danos hoy tu comisión:
Haznos obreros fervientes,
Llénanos de un santo amor,
Por las ovejas perdidas
De tu redil, buen Señor.

118. EL MUNDO NO ES MI HOGAR

1

¡La senda ancha dejaré,
Yo quiero por la angosta andar,
Y muchos no sabrán por qué,
Mas voy a mi celeste hogar!

CORO:

||No puede el mundo ser mi hogar,||
En gloria tengo mi mansión;
No puede el mundo ser mi hogar.

2

Algunos quieren verme ir,
Por el sendero de maldad;
Oír no puedo su llamar,
Pues voy a mi celeste hogar.

3

¡Oh, ven conmigo, pecador,
Y sigue en pos del Salvador!
¿Por qué no quieres tú buscar,
La hermosa tierra más allá?

1

Jesús es mi amigo, mi buen amigo fiel,
A mi alma es hermoso y sin par;
Mi Salvador y Guía, encuentro sólo en él
La virtud que trae perfecto bienestar.
Mis penas y mis cuitas las llevo siempre a él
Porque él me ha mandado hacerlo así;
En todo este mundo no hay otro amigo tal,
Pues Jesús es vida y dicha para mí.

CORO:

El lirio de los valles es Cristo, mi Señor,
Me guarda con cariño sin igual;
Es la resplandeciente Estrella de Amor
Que me guía a la patria celestial.

2

Alivia mis pesares mi buen amigo fiel,
En la tentación su amor es mi solaz,
Los ídolos del alma por él apartaré
Y las faltas que me priven de la paz;
Aun cuando me dejare amigo terrenal,
Y Satanás tratare de triunfar,
Yo quedaré constante al lado de Jesús,
Y con él podré victorias alcanzar.

3

Si cumplo sus mandatos viviendo por la fe,
En mis pruebas todas él me sostendrá,
Rodeado de sus brazos, yo nada temeré,
Con sus huestes el Señor me guardará,
Entonces a la gloria iré yo a contemplar
Su rostro, y el cielo heredar,
Y allí con los salvados y el coro angelical
Cantaré sus alabanzas sin cesar.

120. ¡GRANDES COSAS CRISTO HA HECHO PARA MI!

1

Hallé un buen amigo,
Mi amado Salvador,
Contaré lo que él ha hecho para mí:
Hallándome perdido
E indigno pecador,
Me salvó y hoy me guarda para sí.
Me salva del pecado,
Me guarda de Satán:
Promete estar conmigo hasta el fin;
¡Aleluya!
El consuela mi tristeza,
Me quita todo afán:
¡Grandes cosas Cristo ha hecho para mí!

2

Jesús jamás me falta,
Jamás me dejará,
Es mi fuerte y poderoso Protector;
Del mundo me separo,
Y de la vanidad,
Para consagrar mi vida al Señor.
Si el mundo me persigue,
Si sufro tentación,
Confiando en Cristo puedo resistir;
¡Aleluya!
La victoria me es segura,
Y elevo mi canción:
¡Grandes cosas Cristo ha hecho para mí!

3

Yo sé que Jesucristo
Muy pronto volverá,
Y entre tanto me prepara un hogar
En la casa de mi Padre.
Mansión de luz y paz,
Do el creyente fiel con él ha de morar;
Llegándome a la gloria
Ningún pesar tendré,
Contemplaré su rostro siempre allí;
¡Aleluya!

Con los santos redimidos
Gozoso cantaré:
¡Grandes cosas Cristo ha hecho para mí!

121. VOY AL CIELO, SOY PEREGRINO

1

Voy al cielo, soy peregrino,
A vivir eternamente con Jesús;
El me abrió ya veraz camino
Al expirar por nosotros en la cruz.

CORO:

Voy al cielo, soy peregrino,
A vivir eternamente con Jesús.

2

Duelo, muerte, amarga pena,
Nunca, nunca habremos de sufrir allá;
Gloriosa vida de gozo llena
El alma mía sin fin disfrutará.

3

Patria santa, hermosa y pura,
Entraré a ti, salvado por Jesús;
Y gozaré siempre la ventura
Con él viviendo en refulgente luz.

122. EL MEJOR AMIGO

1

¡Es Jesús el mejor amigo!
Cuando triste o tentado estés,
Colmará de bendición
Tu transido corazón;
¡Es Jesús el mejor amigo!

CORO:

¡Es Jesús el mejor amigo,
Es Jesús el mejor amigo!
El tus súplicas oirá
Y tu carga llevará;
¡Es Jesús el mejor amigo!

2

En Jesús fiel amigo encuentro,
Paz perfecta él a mi alma da;
Apoyado en él estoy,
Sin temor mi ser le doy, etc.

3

Aunque ande en algún peligro,
O en sombra de la muerte esté,
Ningún mal me alcanzará,
Pues Jesús me amparará, etc.

4

Cuando estemos al fin reunidos
Con los redimidos más allá:
Cantaremos con fervor,
En presencia del Señor, etc.

123. LA FUENTE ETERNA HALLE

1

Por fe contemplo redención,
La fuente carmesí;
Jesús nos da la salvación,
Su vida dio por mí.

CORO:

La fuente sin igual hallé,
De vida y luz el manantial;
¡Oh gloria a Dios, me limpia a mí,
Me limpia a mí, me limpia a mí!

2

Mi vida entrego a mi Jesús,
Las dudas él quitó;
Mi alma goza en su luz,
Mis deudas él pagó.

3

¡Cuán inefable gozo es
Saber que salvo soy!
Mi rey aquí es mi Jesús,
Al cielo sé que voy.

4

¡Oh gracia excelsa de mi Dios,
Profundo es el amor!
De mi Jesús, vía de luz,
Cordero Redentor.

124. CRISTO VIENE

1

Cristo viene, esto es cierto,
Porque así está escrito;
Siempre fiel a su promesa,
Por los suyos ya regresa:
¡Vedle ya, ved al Señor!
Trae a aquellos que han dormido,
Ni uno solo se ha perdido;
Sí vendrá —¡Oh, sí vendrá!

2

El que en la cruz muriendo,
Dio su alma bendiciendo,
Viene ya resplandeciente,
En las nubes imponente:
¡Vedle ya, ved al Señor!
Vedle ya venir en gloria,
Coronado de victoria;
Sí vendrá —¡Oh, sí vendrá!

3

Las espinas del despecho,
Rayos rojos se han hecho,
Ya la caña se ha vuelto
Regio cetro de imperio:
¡Vedle ya, ved al Señor!
Santos siguen luminosos,
Y ángeles majestuosos;
Sí vendrá —¡Oh, sí vendrá!

¡Ay de aquel que no ha ido
A Jesús ni ha recibido
Ropa santa, regalada,
Para bodas adornada!
¡Vedle ya, ved al Señor!
¡A su encuentro ve, oh esposa!
Es tu hora más dichosa;
Sí vendrá —¡Oh, sí vendrá!

125. TODOS LOS QUE TENGAN SED

1

Todos los que tengan sed, beberán, beberán;
Vengan cuantos pobres hay, comerán, comerán;
No malgasten el haber, compren verdadero pan,
Si a Jesús acuden hoy, gozarán, gozarán.

2

Si le prestan atención, les dará, les dará
Parte en su pactado bien, eternal, eternal;
Con el místico David, Rey, Maestro, Capitán
De las huestes que al Edén llevará, llevará.

3

Como baja bienhechor, sin volver, sin volver,
Riego que las nubes dan, ha de ser, ha de ser;
La palabra del Señor, productiva, pleno bien;
Vencedor al fin será, por la fe, por la fe.

126. LAS PROMESAS DE JESUS

1

Todas las promesas del Señor Jesús
Son apoyo poderoso de mi fe;
Mientras luche aquí buscando yo su luz,
Siempre en sus promesas confiaré.

Grandes, fieles,
Las promesas que el Señor Jesús ha dado;
Grandes, fieles,
En ellas para siempre confiaré.

2

Todas sus promesas para el hombre fiel,
El Señor, en sus bondades cumplirá;
Y confiado sé que para siempre en él
Paz eterna mi alma gozará.

3

Todas las promesas del Señor serán
Gozo y fuerza en nuestra vida terrenal,
Ellas en la dura lid nos sostendrán,
Y triunfar podremos sobre el mal.

127.   EN BUSCA DE OBREROS

1

Cristo está buscando obreros hoy
Que quieran ir con él,
¿Quién dirá: «Señor contigo voy,
Yo quiero serte fiel?»

CORO:

¡Oh Señor, es mucha la labor,
Y obreros faltan ya;
Danos luz, ardiente fe y valor,
Y obreros siempre habrá!

2

Cristo quiere mensajeros hoy,
Que anuncien su verdad;
¿Quién dirá: «Señor, yo listo estoy,
Haré tu voluntad?»

3

Hay lugar si quieres trabajar,
De Cristo en la labor;
Puedes de su gloria al mundo hablar,
De su bondad y amor.

4

¿Vives ya salvado por Jesús,
Su amor conoces ya?
¡Habla, pues, anuncia que en la luz
De Cristo vives ya!

128. VALOR Y FE

1

Si en tu senda las nubes
Agolparse ves,
No vaciles por ello,
Ni flaqueen tus pies;
Cada nube que venga
No podrá traer
Más que pruebas que pasan
Si hay valor y fe.

CORO:

¡Si hay valor y fe, si hay valor y fe,
En la más oscura noche
Siempre hay luz!
¡Si hay valor y fe, si hay valor y fe;
Gozo y paz traerá la lucha
Si hay valor y fe!

2

Si es tu vida una carga
De cuidados mil,
Olvidado de todo
Te podrás sentir:
Si tu ayuda acudieres
A llevar doquier,
Esto endulza la vida
Si hay valor y fe.

Pon en alto los ojos
Sin dudar jamás,
Que en las lides del mundo
Vencedor saldrás;
Que si hay flores y encantos
Tras invierno cruel,
Trae encantos la vida
Si hay valor y fe.

129. ESCUCHA, POBRE PECADOR

1

Escucha, pobre pecador,
En Cristo hay perdón;
Te invita hoy tu Redentor;
En él hay salvación.

CORO:

Ven a Cristo, ven a Cristo,
Ven a Emmanuel,
Y la vida, vida eterna,
Hallarás en él.

2

Por redimirte el Salvador
Su sangre derramó;
Y en la cruz, con cruel dolor,
Tu redención obró.

3

Camino cierto es Jesús,
Ven y feliz serás,
Irás a la mansión de luz;
Descanso hallarás.

4

Ven con el santo pueblo fiel,
Dejando todo mal;
Así la paz de Dios tendrás,
Y gloria inmortal.

ME LEVANTO

1

Mi Salvador, en su bondad,
Al mundo malo descendió;
Y de hondo abismo de maldad
El mi alma levantó.

CORO:

¡Seguridad me dio Jesús,
Cuando su mano me tendió:
Estando en sombra a plena luz,
En su bondad me levantó!

2

Su voz constante resistí,
Aunque él amante me llamó;
Mas su palabra recibí,
Y fiel me levantó.

3

Tortura cruel sufrió por mí,
Cuando la cruz él escaló;
Tan sólo así salvado fui,
Y así me levantó.

4

Que soy feliz, yo bien lo sé,
Con esta vida que él me dio;
Mas no comprendo aún por qué,
Jesús me levantó.

DULCE PAZ

1

Ya viene a mi alma un son,
Un coro de gozo y paz,
Lo canto con grato amor;
Dulce paz, el don de mi Dios.

¡Paz, paz, dulce paz,
Don precioso de Dios!
¡Oh paz, maravilla de paz!
El don de amor de mi Dios.

2

Por Cristo en la cruz vino paz,
Mi deuda por él se pagó;
Otra base no hay sino él,
Para paz, el don de mi Dios.

3

Cuando Cristo mi Rey coroné,
Mi alma de paz se llenó;
En él mi don rico hallé,
Dulce paz, el don de mi Dios.

4

Morando con paz en Jesús
Y mientras que ande con él,
No hay sino paz para mí:
Dulce paz el don de mi Dios.

132. ESTAD POR CRISTO FIRMES

1

¡Estad por Cristo firmes,
Soldados de la cruz!
Alzad hoy la bandera
En nombre de Jesús:
Es vuestra la victoria,
Con él por capitán;
Por él serán vencidas
Las huestes de Satán.

2

¡Estad por Cristo firmes!
Os llama a la lid,
¡Con él, pues, a la lucha,
Soldados todos, id!
Probad que sois valientes,
Luchando contra el mal;

Es fuerte el enemigo,
Mas Cristo es sin igual.

3

¡Estad por Cristo firmes!
Las fuerzas son de él;
El brazo de los hombres
Es débil y es infiel;
Vestíos la armadura,
Velad en oración;
Deberes y peligros
Demandan gran tesón.

133.   TAL COMO SOY

1

Tal como soy, sin más decir,
Que a otro yo no puedo ir,
Y tú me invitas a venir:
Bendito Cristo, heme aquí.

2

Tal como soy, sin demorar,
Del mal queriéndome librar,
Tú sólo puedes perdonar:
Bendito Cristo, heme aquí.

3

Tal como soy, en aflicción,
Expuesto a muerte y perdición;
Buscando vida y perdón:
Bendito Cristo, heme aquí.

4

Tal como soy, tu gran amor
Me vence y busco tu favor;
Servirte quiero con valor:
Bendito Cristo, heme aquí.

134.   LA LUZ DE DIOS

1

Si al cruel enemigo temes combatir,
Si la duda agobia siempre tu existir;
¡Que la hermosa luz de Dios fulgure en ti!
Y serás feliz así.

CORO:

¡Deja penetrar la luz!
¡Deja penetrar la luz!
¡Que la hermosa luz de Dios fulgure en ti!
Y serás feliz así.

2

Si tu fe en Jesús muy flaca y débil es,
Si Dios no contesta tu ferviente prez;
¡Que la hermosa luz de Dios fulgure en ti!
Y serás feliz así.

3

Si feliz el cielo anhelas alcanzar,
Y del mal y las tinieblas escapar;
¡Que la hermosa luz de Dios fulgure en ti!
Y serás feliz así.

4

Si anduviéremos en luz, divina luz,
Limpios nos hará la sangre de Jesús;
Claridad tendremos en el corazón;
Si vivimos en la luz.

5

Si el Espíritu de Dios, Consolador,
Luz del cielo, trae divino resplandor;
Cuando tenga entrada él en tu corazón,
El será tu eterna luz.

135. TU AMARAS A CRISTO

1

Tú que vagas en las tinieblas,
Lejos de Cristo y de su amor;
Ven y ve cuán amante es Cristo,
Ven, contempla a tu Salvador.

CORO:

¡Oh, cuánto tú amarás a Cristo,
Al mirar la gloria del Señor!
Su corazón fue quebrantado
En la cruz, por ti, por mí.

2

Ven, acepta perdón completo,
La paz y gozo del Salvador:
Alma triste, Jesús te llama,
El te espera con grande amor.

3

Este amor tan sublime y tierno,
Y tan profundo en su plenitud,
Brota libre del pecho herido,
De Jesús, quien nos da salud.

4

Y por siglos interminables,
Han de quedar en el corazón
Sus mercedes inescrutables,
Que nos brindan su bendición.

136. SOY SALVO

1

Cristo del cielo a buscarme
Vino a la tierra, se humilló:
Cuando vagaba yo en la noche,
El me buscó y mi alma salvó.

CORO:

¡Soy salvo, éste es mi canto!
Cristo me salva, ¡oh cuán glorioso!
¡Soy salvo, miro su gloria!
Doy alabanzas al Salvador.

2

Cristo me guarda de pecado,
El es mi guía a su mansión:
Grandes riquezas de su gracia
El derramó en mi corazón.

El me conduce por la senda,
Me libra siempre de tropezar:
El es mi apoyo y es mi fuerza,
Y si le sigo no puedo flaquear.

4

Cristo muy pronto, con voz tierna,
Ha de llamarme al dulce hogar,
Do voy a verle, en su gloria,
Su triunfo siempre allí celebrar.

137.   SIEMPRE ORAD

1

«Siempre orad», muy pronto viene Cristo,
Guarda bien tu corazón;
Retén firme todo lo que tienes,
Tú tendrás tu galardón.

CORO:

«Siempre orad», nos manda Cristo,
Y velad .... en oración;
Pronto vendrá .... él en las nubes,
Nos dará su bendición.

2

«Siempre orad», que si hoy viniere Cristo
El te halle en la lid,
Con la espada suya bien empleada,
Fiel por nuestro Adalid.

3

«Siempre orad», sí, vive aquí velando,
Es mandato del Señor;
Sin demora toma la promesa
Del gran fiel Consolador.

«Siempre orad», constante y con celo,
Ejercítate en la fe;
Ten el ánimo de Jesucristo,
Y sus huellas sigue fiel.

138.   LA FUENTE SANADORA

1

¡Ved la fuente sanadora,
La que abrió el Salvador!
Cuyas aguas refrescantes
Son de perennal valor.

CORO:

¡Oh preciosa fuente sanadora!
Para todos fluye libre;
¡Oh preciosa fuente sanadora!
¡Gloria a Dios!, me sana a mí.

2

En la fuente que nos sana
He hallado el perdón,
Y lavado toda mancha
De mi pobre corazón.

3

En la fuente que nos sana
Cristo ofrece la salud;
Pues venid, enfermos todos,
Probaréis su gran virtud.

4

Esta fuente que nos sana
Aun hoy día es eficaz:
Ven, sumérgete en ella,
Cree, y sano quedarás.

139. QUIERO VER MI PATRIA

1

Quiero ver a Jesucristo mi precioso Salvador,
Quiero ver el alto cielo, ver el trono del Señor;
Ver la faz de mi Maestro, quien por mí sufrió la
cruz,
Viviré en esa patria de eterno gozo y luz.

CORO:

Quiero ver .... aquella tierra,
Donde rei .... na eterno amor,
Quiero estar .... en las moradas
De Jesús .... mi Salvador.

2

Quiero dar a Jesucristo sin reserva mi amor;
Quiero ser un mensajero conduciendo al pecador
A la cruz de Jesucristo y a la patria celestial,
Do podrá vivir por siempre con el coro angelical.

3

Por la obra redentora de Jesús mi Salvador,
Viviré por las edades do podré gozar su amor,
Por la sangre del Cordero aunque indigno sé que soy,
Con las huestes redimidas loores al Señor yo doy.

140. MAS SANTIDAD DAME

1

Más santidad dame, más odio al mal,
Más calma en las penas, más alto ideal;
Más fe en mi Maestro, más consagración,
Más celo en servirle, más grata oración.

2

Más prudente hazme, más sabio en él,
Más firme en su causa, más fuerte y más fiel;
Más recto en la vida, más triste al pecar,
Más humilde hijo, más pronto en amar.

3

Más pureza dame, más fuerza en Jesús,
Más de su dominio, más paz en la cruz:
Más rica esperanza, más obras aquí,
Más ansia del cielo, más gozo allí.

1

Cantan los ángeles con dulce voz,
Canten los hombres con sonora voz:
Cristo vendrá nuestro Rey vencedor,
Cristo vendrá otra vez.

CORO:

¡Viene otra vez, viene otra vez,
En gloria viene al mundo otra vez:
Viene otra vez, viene otra vez,
El viene pronto a reinar!

2

Ved en la tierra, los aires y el mar
Grandes señales cumpliéndose ya,
Todo indicando que pronto vendrá
Nuestro glorioso Señor.

3

Todos los muertos en Cristo saldrán
De sus sepulcros, y alegres irán,
Para encontrar a su Rey subirán;
Cristo vendrá otra vez.

4

Ven en las nubes, ¡oh buen Salvador!
¡Ven a la tierra, te ruego, Señor!
¡Ven, que tu iglesia te espera, Jesús!
Cristo vendrá otra vez.

142. CUANDO TE QUIERO MAS

1

Cuando te quiero cerca tú estás:
Mi buen Jesús, no me dejarás;
Con tu potencia me sostendrás,
Cuando te quiero más.

||Cuando te quiero más,||
Cerca tú estás, mi buen Salvador,
Cuando te quiero más.

2

Cuando te quiero listo tú estás,
Y abandonarme nunca podrás:
Paz por tristeza siempre me das,
Cuando te quiero más.

3

Cuando te quiero no faltarás,
Hora tras hora tú me guiarás;
Tiernos cuidados tú me darás,
Cuando te quiero más.

4

Cuando te quiero allí tú estás;
Con tu presencia me apoyarás,
Brota tu fuente de gran solaz,
Cuando te quiero más.

143. VOY A LA CIUDAD CELESTE

1

Voy a la ciudad celeste,
Do las calles de oro son;
Donde en paz se mora siempre
En la célica mansión.

CORO:

Cuán gozoso es el encuentro,
De los que han pasado ya;
La reunión de los creyentes,
Dios con ellos se hallará.

2

¡Oh hermano!, ¿cómo vives?
Si te llama hoy tu Creador:
¿Listo estás a oír la cita
O te agobia aquí el terror?

3

Dios le da mansión hermosa,
Al que triunfe sobre el mal;
Llegaremos tras la lucha
A la patria celestial.

144. ¡OH, CUANTO AMO A CRISTO!

1

Es Cristo quien por mí murió,
Mis culpas por borrar;
¡Cuán grandes penas él sufrió
Mi alma al rescatar!

CORO:

¡Oh, cuánto amo a Cristo!
¡Oh, cuánto amo a Cristo!
¡Oh, cuánto amo a Cristo!
Porque antes me amó.

2

Jesús su sangre derramó,
Mi Rey por mí murió,
Por mí, porque él me amó;
Mi iniquidad limpió.

3

¡Oh!, nunca puedo yo pagar
La deuda de su amor;
Estoy aquí, mi Salvador,
Recíbeme, Señor.

4

Vivir con Cristo es tener paz,
Con él habitaré;
Pues suyo soy, y de hoy en más,
De nadie temeré.

145. EL PAIS DE BEULAH

1

Moro yo en las alturas,
Donde encuentro gozo y paz,
En el país de las bellezas,
Donde tú vivir podrás:
Es el país de hermosura,

Do se cortan bellas flores,
Que derraman sus olores
En el alma de dolor.

CORO:

¿No será el país de Beulah,
País feliz de luz y gozo,
Donde cantan aleluya
A Jesús, quien nos salvó?

2

Puedo ver en las alturas
Cómo anduve en el error,
Extraviado en las tinieblas
Y las sombras del terror.
Dudas, votos quebrantados,
Sólo tuve en esa vida;
Mas Jesús me conducía
A este país donde llegué.

3

Tomo de la fuente viva
Donde siempre quiero estar;
Ya gusté del río de vida,
Satisfecha mi alma está;
No apetezco los placeres
De este mundo en que moro;
Porque en Cristo hay más tesoro,
Y en camino al cielo voy.

4

No me digas de las cruces
Con que no pueda cargar,
Porque en Cristo habrá victoria,
El las puede soportar.
Quiero yo seguir a Cristo,
La vergüenza despreciando,
Los honores desechando
Por la gloria de la cruz.

ME BUSCA A MI

1

El Rey de gloria al cielo dejó,
Pobre, humilde al mundo llegó;
Dolor y muerte de cruz él sufrió,
Me busca a mí, a mí.

CORO:

||Me busca a mí, a mí,||
Maravilloso es su gran amor;
Me busca a mí, a mí.

2

El Rey de gloria clavado a la cruz,
Así murió para darme la luz;
Esta es la prueba que me ama Jesús:
Muere por mí, por mí.

CORO:

||Muere por mí, por mí,||
Sufre la muerte amarga en la cruz;
Muere por mí, por mí.

3

El Rey de gloria, el buen Salvador,
Llama al cansado que sigue el error;
Busca al perdido y con ansias de amor,
Me llama a mí, a mí.

CORO:

||Me llama a mí, a mí;||
Con tierna voz y profundo amor,
Me llama a mí, a mí.

4

El Rey de gloria en gran resplandor,
Al mundo viene con gloria y honor;
Yo volaré de la tierra al Señor:
Viene por mí, por mí.

CORO:

||Viene por mí, por mí;||
¡Oh, en las nubes veré a Jesús!
¡Viene por mí, por mí!

147. LAS BUENAS NUEVAS

1

Ve, ve oh Sion, tu gran destino cumple:
Que Dios es luz, al mundo proclamad,
Que el Hacedor de las naciones quiere
Que nadie muera en densa oscuridad.

CORO:
¡Alegres nuevas al mundo dad!
Nuevas de redención, de amor y libertad.

2

Ve cuántos miles yacen todavía
En las oscuras cárceles del mal;
Ignoran que de Cristo la agonía
Fue para darles vida celestial.

3

Es tu deber que salves de la muerte
Las almas por las cuales él murió;
Sé fiel, si no tendrás que ser culpable
De que se pierda lo que Dios ganó.

4

Ve, di a toda tribu, pueblo y lengua,
Que el Dios en quien vivimos es amor;
Que en la tierra ha muerto porque tenga
Todo mortal la vida en el Señor.

5

Tus hijos manda con el gran mensaje;
Con tu dinero impulso a ellos da:
En oración sustenta fiel sus almas,
Y cuanto gastes Cristo pagará.

148. FUENTE DE LA VIDA ETERNA

1

Fuente de la vida eterna
Y de toda bendición;
Ensalzar tu gracia tierna
Debe cada corazón;

Tu piedad inagotable,
Abundante en perdonar;
Unico ser adorable,
Gloria a ti debemos dar.

2

De los cánticos celestes
Te quisiéramos cantar,
Entonados por las huestes
Que lograste rescatar:
Almas que a buscar viniste,
Porque les tuviste amor;
De ellas te compadeciste
Con tiernísimo favor.

3

Toma nuestros corazones,
Llénalos de tu verdad,
De tu Espíritu los dones,
Y de toda santidad.
Guíanos en obediencia,
Humildad, amor y fe;
Nos ampare tu clemencia;
Salvador, propicio sé.

149.   BAUTICESE CADA UNO

1

En las aguas de la muerte
Sumergido fue Jesús,
Mas su amor no fue apagado
Por sus penas en la cruz:
Levantóse de la tumba,
Sus cadenas quebrantó,
Y triunfante y victorioso
A los cielos ascendió.

2

En las aguas del bautismo
Hoy confieso yo mi fe:

Jesucristo me ha salvado
Y en su amor me gozaré.
En las aguas humillantes
A Jesús siguiendo estoy:
Desde ahora para el mundo
Y el pecado muerto soy.

3
Yo que estoy crucificado,
¿Cómo más podré pecar?
Ya que soy resucitado,
Santa vida he de llevar.
Son las aguas del bautismo
Mi señal de salvación,
Y yo quiero consagrarme
Al que obró mi redención.

150. NO ME AVERGÜENZO DE JESUS

1
¿Será posible, mi Señor, que me avergüence yo
de ti,
De ti, Señor, mi Salvador, que ángeles adoran hoy?
¡Avergonzarme de Jesús, mi único amigo fiel!
¡No, mi Señor! Te adoro, hoy, eterno Rey, mi
Salvador.

CORO:

¡No, mi Señor! Te adoro, hoy, eterno Rey, mi
Salvador.
Te seguiré, te alabaré, te ensalzaré, mi Salvador.

2
¡Avergonzarme de Jesús! Cuando sin culpas por
lavar,
No tenga bienes que pedir, ni alma tenga que
salvar;

Orgullo tengo en confesar que mi confianza pongo
    en ti;
Será mi gloria que Jesús no se avergüence, no,
    de mí.

3

¡Avergonzarme de Jesús!, de tierra y mar el
    Creador,
Del Unigénito de Dios, del Rey de gloria, mi Señor;
De mi Señor, que volverá con diez mil ángeles
    de luz:
No, mi Señor, doy todo a ti, me llenas con grata luz.

151.   SOLO DE JESUS LA SANGRE

1

¿Qué me puede dar perdón?
¡Sólo de Jesús la sangre!
¿Y un nuevo corazón?
¡Sólo de Jesús la sangre!

CORO:

Precioso es el raudal
Que limpia todo mal;
No hay otro manantial,
¡Sólo de Jesús la sangre!

2

Fue el rescate eficaz, etc.
Trajo santidad y paz, etc.

3

Veo para mi salud, etc.
Tiene de sanar virtud, etc.

4

Cantaré junto a sus pies, etc.
El Cordero digno es, etc.

152. BIENAVENTURADOS LOS DE LIMPIO CORAZON

1

Bienaventurados son los de limpio corazón,
Que no aman el tesoro de aquí:
De tranquilidad y paz gozan cada día más,
Y del cielo el gozo tienen ya en sí.

CORO:

¡Oh, cantemos aleluya!
Sí, de todo corazón;
Por amor al Salvador, a su nombre dad loor,
Y por siempre cantaremos de su amor.

2

Grande dicha y favor me concede mi Señor,
Por su sangre derramada en la cruz;
Soy guardado siempre fiel por la fe que tengo
en él,
Y me regocijo andando en la luz.

3

Al Señor obedecer y su Espíritu tener,
Es un verdadero cielo en mi ser;
Y por su inmenso amor hacia el pobre pecador,
Cantaré sus alabanzas más allá.

4

¡Cuán perfecta es mi paz!, no anhelo nada más
En el mundo que su luz y su verdad;
Con mi amado Salvador, poseído de su amor,
Estaré contento por la eternidad.

153. ¡ALELUYA, AMEN!

1

Mil veces con el Maestro,
En santa comunión,
Escucho los acentos
De hermosa agrupación.

CORO:
«¡Aleluya, amén! ¡Aleluya, amén!
¡Aleluya, amén! Amén, amén!»

2

De aquellos que sufrieron
Sed, hambre y dolor;
Mas hoy glorificados
Están con el Señor.

3

Escucho los acentos
Del canto sin igual:
Y mi alma al punto se une
Al coro celestial.

4

Unido estoy con ellos
Ahora por la fe,
Mas pronto frente al trono
Con ellos cantaré.

154.   ¡VEN A EL, VEN A EL!

1

¿De Jesús no escuchas tierno llamamiento:
«Ven a mí, pecador»?
Quiere darte su perdón, paz y contento:
Ven a él, pecador.

CORO:

Te llama con un tierno acento,
Tu vida quiere redimir;
Oye del Señor el tierno llamamiento:
«Ven a mí, ven a mí.»

2

De tus penas pronto puedes olvidarte,
Ven a él, ven a él;
Porque de ellas Cristo puede alivio darte,
Ven a él, ven a él.

3

Sólo él puede pleno gozo concederte,
Ven a él, ven a él;
En odiosa cruz por ello vio la muerte,
Ven a él, ven a él.

No su voz de amor escuches con desprecio,
Ven a él, ven a él;
Por tu salvación pagó divino precio:
Ven a él, ven a él.

155. CON VOZ BENIGNA

1

Con voz benigna te llama Jesús,
Invitación de puro amor;
¿Por qué le dejas en vano llamar?
¿Sordo serás, pecador?

CORO:

Hoy te convida: Hoy te convida,
Voz bendecida,
Benigna convídate hoy.

2

A los cansados convida Jesús;
Con compasión mira el dolor;
Tráele tu carga, te bendecirá,
Te ayudará, el Señor.

3

Siempre aguardando contempla a Jesús:
¡Tanto esperar!, ¡con tanto amor!
Hasta sus plantas ven, mísero, y trae
Tu tentación, tu dolor.

156. EL CUIDARA DE MI

1

¿Cómo podré estar triste,
Cómo entre sombras ir;
Cómo sentirme solo
Y en el dolor vivir;

Si Cristo es mi consuelo,
Mi amigo siempre fiel,
||Si aún las aves tienen
Seguro asilo en él?||

CORO:

Feliz, cantando alegre,
Yo vivo siempre aquí:
Si él cuida de las aves,
¡Cuidará también de mí!

2

«Nunca te desalientes»,
Oigo al Señor decir,
Y en su Palabra fiado,
Hago al dolor huir.
A Cristo paso a paso
Yo sigo sin cesar,
||Y todas sus bondades
Me da sin limitar.||

3

Siempre que soy tentado
O que en la sombra estoy,
Más cerca de él camino
Y protegido voy;
Si en mí la fe desmaya
Y caigo en la ansiedad,
||¡Tan sólo él me levanta,
Me da seguridad!||

157.   NO LO HAY

1

No hay cual Jesús otro fiel amigo,
No lo hay, no lo hay;
Otro que pueda salvar las almas,
No lo hay, no lo hay.

Conoce todas nuestras luchas,
Y sólo él nos sostendrá;
No hay cual Jesús otro fiel amigo,
No lo hay, no lo hay.

2

No hay otro amigo tan santo y digno,
No lo hay, no lo hay;
Pero a la vez es humilde y tierno;
Otro no hay cual Jesús.

3

No hay un instante que nos olvide,
No lo hay, no lo hay;
Ni hay noche oscura que no nos cuide,
No la hay, no la hay.

4

¿Cuándo es infiel el Pastor divino?
Ni una vez, ni una vez;
¿Cuándo rechaza a los pecadores?
Ni una vez, ni una vez.

5

¿Hay otra dádiva como Cristo?
No la hay, no la hay;
Ha prometido él estar conmigo,
Hasta el fin, hasta el fin.

158.   ¡SANTO, SANTO, SANTO, SEÑOR JEHOVA!

1

Nuestro sol se pone ya,
Todo en calma quedará;
La plegaria levantad,
Que bendiga la bondad
De nuestro Dios.

CORO:

¡Santo, Santo, Santo,
Señor Jehová!
Cielo y tierra, de tu amor,
Llenos hoy están, Señor;
¡Loor a ti!

2

¡Oh Señor!, tu protección
Dale hoy al corazón;
Dale aquella dulce paz,
Que a los tuyos siempre das,
Con plenitud.

3

¡Oh Señor!, que al descansar
Pueda en ti seguro estar,
Y mañana mi deber
Pueda siempre fiel hacer,
En tu loor.

159. LA PATRIA DEL ALMA

1

Cantaré, cantaré, del hermoso país,
El lejano, glorioso jardín,
||Donde ha de vivir el alma feliz
Mientras vuelen los siglos sin fin.||

2

¡Oh la patria del alma! en sueños se ve
Sus muros de jaspe y cristal;
||Y cercano parece aquel bello Edén,
Radiante de luz celestial.||

3

Y el árbol de vida florece allá,
Do fluye el río de amor;
||Y jamás en la santa ciudad entrará
Ni la muerte, ni amargo dolor.||

4

¡Oh cuán dulce será en el santo país,
Pasadas las penas aquí,
||Volvernos a ver en la vida feliz,
Que tendremos con Cristo allí!||

160. HAY UN MUNDO FELIZ MAS ALLA

1

Hay un mundo feliz más allá,
Donde moran los santos en luz,
Tributando eterno loor
Al invicto, glorioso Jesús.

CORO:

||¡En el mundo feliz
Reinaremos con nuestro Señor!||

2

Cantaremos con gozo a Jesús,
Al Cordero que nos rescató;
Y con sangre vertida en la cruz
Los pecados del mundo quitó.

3

Para siempre en el mundo feliz
Con los santos daremos loor
Al invicto glorioso Jesús;
A Jesús, nuestro Rey y Señor.

161. PECADOR, VEN AL DULCE JESUS

1

Pecador, ven al dulce Jesús,
Y feliz para siempre serás:
Si en verdad le quisieres tener,
Al divino Señor hallarás.

CORO:

||Ven a él, ven a él,
Que te espera tu buen Salvador.||

2

Si cual hijo que necio pecó
Vas buscando a sus pies compasión,
Tierno Padre en Jesús hallarás,
Y tendrás en sus brazos perdón.

3

Si enfermo te sientes morir,
El será tu Doctor celestial;
Y hallarás en su sangre también
Medicina que cure tu mal.

4

Ovejuela que huyó del redil,
¡He aquí tu benigno Señor!
Y en los hombros llevada serás
De tan dulce y amante Pastor.

162.   ¡OH AMOR QUE NO ME DEJARAS!

1

¡Oh amor que no me dejarás!
Descansa mi alma siempre en ti;
Es tuya y tú la guardarás,
Y en el océano de tu amor
Más rica al fin será.

2

¡Oh luz que en mi sendero vas!
Mi antorcha débil rindo a ti;
Su luz apaga el corazón,
Seguro de encontrar en ti
Más bello resplandor.

3

¡Oh gozo que a buscarme a mí
Viniste con mortal dolor:
Tras la tormenta el arco vi,
Y ya el mañana, yo lo sé,
Sin lágrimas será!

4

¡Oh cruz que miro sin cesar!
Mi orgullo, gloria y vanidad
Al polvo dejo por hallar
La vida que en su sangre dio
Jesús mi Salvador.

1

La gloria de Cristo el Señor cantaré,
Pues llena mi vida de gozo y de paz:
Callar los favores que de él alcancé,
Mi labio no puede jamás.

CORO:

Es todo bondad para mí,
Con él nada puedo desear;
Pues todos mis altos deseos aquí
Tan sólo él los puede llenar.

2

En horas de angustia conmigo él está,
Y puedo escuchar su dulcísima voz,
Que me habla, y su paz inefable me da
La paz infinita de Dios.

3

Si a rudos conflictos me mira que voy,
Me deja hasta el fin a mí solo luchar;
Mas pronto si ve que cediendo ya estoy,
Socorro me viene a prestar.

4

También cuando gozo lo miro llegar,
Y entonces mi dicha la aumenta el Señor;
Ya llena mi copa, la veo rebosar,
Con todos sus dones de amor.

164. JESUS ES TODO PARA MI

1

Cristo el Señor es para mí
Consuelo, dicha y paz;
En él tan sólo encuentro yo
Descanso, amor, solaz:
Si en mis tristezas voy a él,
||Hallo un amigo siempre fiel,||
En Jesús.

En mis conflictos con el mal
No hay uno cual Jesús
Que pueda darme protección,
Sostén, poder y luz.
Yendo conmigo el Salvador
||Ya nada puede el tentador||
Contra mí.

3

Vida de paz, de gozo y luz
Encuentro en mi Señor;
Herencia eterna que me da
Su incomparable amor.
Nada en el mundo igualará
||A lo que en Cristo encontrará||
El mortal.

4

Gloria sin fin tributaré
Gozoso a mi Jesús,
Quien vida tal me aseguró
Muriendo en cruenta cruz;
Y por los siglos mi canción
||Ensalzará su salvación,||
Sin igual.

165. AUNQUE SEAN COMO ESCARLATA

1

Aunque sean como escarlata,
Tus pecados lavaré,
Y si fueren como grana
Níveos los haré.
||Aunque sean como escarlata,
Tus pecados lavaré.||

2

Oye voz que te suplica:
Vuelve, vuelve a tu Señor.
Bueno es él, compasivo,
Y de tierno amor.

||Oye voz que te suplica:
Vuelve, vuelve a tu Señor.||

3

El aleja tus pecados
Y su consecuencia atroz:
«Venid a mí, y sed salvos»,
Dice nuestro Dios.
||El aleja tus pecados
Y su consecuencia atroz.||

166. CRISTO, EL REY DE LA GLORIA

1

Ved a Cristo, Rey de gloria,
Es del mundo el vencedor;
De la guerra vuelve invicto,
Todos démosle loor.

CORO:
Coronadle, santos todos,
Coronadle Rey de reyes;
Coronadle, santos todos,
Coronad al Salvador.

2

Exaltado, sí, exaltado,
Ricos triunfos trae Jesús;
Entronadle allá en los cielos,
En la refulgente luz.

3

Si los malos se burlaron
Coronando al Salvador,
Hoy los ángeles y santos
Lo proclaman su Señor.

4

Escuchad sus alabanzas,
Que se elevan hacia él;
Victorioso reina el Cristo,
¡Adorad a Emmanuel!

167. SANTO ESPIRITU, DESCIENDE

1

Santo Espíritu, desciende
A mi pobre corazón;
Llénalo de tu presencia
Y haz en él tu habitación.

CORO:

¡Llena hoy, llena hoy,
Llena hoy mi corazón!
¡Santo Espíritu, desciende
Y haz en mí tu habitación!

2

De tu gracia puedes darme,
Inundando el corazón;
Ven, que mucho necesito,
Dame hoy tu bendición.

3

Débil soy, oh sí, muy débil,
Y a tus pies postrado estoy,
Esperando que tu gracia
Con poder me llene hoy.

4

Dame paz, consuelo y gozo,
Cúbreme hoy en tu perdón;
Tú confortas y redimes,
Tú das grande salvación.

5

Santo Espíritu, tú eres
Ese prometido don:
Mucho anhelo recibirte,
Dame hoy tu santa unción.

6

Ven, bautízame ahora,
Obediente espero aquí;
Ven a ser mi eterno guía,
Haz tu voluntad en mí.

168. CARA A CARA

1

En presencia estar de Cristo,
Ver su rostro, ¿qué será?
Cuando al fin en pleno gozo
Mi alma le contemplará.

CORO:

¡Cara a cara espero verle,
Más allá del cielo azul:
Cara a cara en plena gloria
He de ver a mi Jesús!

2

Sólo tras oscuro velo
Hoy lo puedo aquí mirar:
Mas ya pronto viene el día
Que su gloria ha de mostrar.

3

¡Cuánto gozo habrá con Cristo
Cuando no haya más dolor;
Cuando cesen los peligros
Y ya estemos en su amor!

4

Cara a cara, ¡cuán glorioso
Ha de ser así vivir:
Ver el rostro de quien quiso
Nuestras almas redimir!

169. HAY UN LUGAR DO QUIERO ESTAR

1

Hay un lugar do quiero estar,
Muy cerca de mi Redentor:
Allí podré yo descansar,
Al fiel amparo de su amor.

CORO:

Muy cerca de mi Redentor
Seguro asilo encontraré:
Me guardará del tentador
Y ya de nada temeré.

2

Quitarme el mundo no podrá
La paz que halló mi corazón;
Jesús amante me dará
La más segura protección.

3

Ni dudas ni temor tendré
Estando cerca de Jesús;
Rodeado siempre me veré
Con los fulgores de su luz.

170. LA PALABRA HOY SEMBRADA

1

La palabra hoy sembrada
Hazla, Cristo, en mí nacer,
Para darle crecimiento
Sólo tienes tú poder:
||Ricos frutos tú nos puedes conceder.||

2

La semilla que tu siervo
Ha sembrado con saber,
No permitas que las aves
Se la vengan a comer:
||Ricos frutos tú nos puedes conceder.||

3

Haz que crezca con tu gracia
Y tu rica bendición;
No la ahoguen las espinas
De congojas y aflicción:
||Ricos frutos tú nos puedes conceder.||

Que su efecto muy profundo,
En la mente y corazón,
Llevará consigo al mundo
Que le das la salvación:
||Ricos frutos tú nos puedes conceder.||

5

Sembraremos la palabra,
Con amor y profusión,
Esperando la cosecha
En la célica mansión:
||Ricos frutos tú nos puedes conceder.||

171.   MEDITAD

1

Meditad en que hay un hogar,
En la margen del río de luz,
Donde van para siempre a gozar
Los creyentes en Cristo Jesús.

CORO:

Más allá, más allá,
Meditad en que hay un hogar,
Más allá, más allá, más allá,
En la margen del río de luz.

2

Meditad en que amigos tenéis,
De los cuales marchamos en pos,
Y pensad en que al fin los veréis
En el alto palacio de Dios.

CORO:

Más allá, más allá,
Meditad en que amigos tenéis,
Más allá, más allá, más allá,
De los cuales marchamos en pos.

3

En que mora Jesús meditad,
Donde seres que amamos están,

Y a la patria bendita volad,
Sin angustias, temores ni afán.

CORO:

Más allá, más allá,
En que mora Jesús meditad;
Más allá, más allá, más allá,
Donde seres que amamos están.

4

Reunido a los míos seré,
Mi carrera a su fin toca ya;
Y en mi hogar celestial entraré,
Do mi alma reposo tendrá.

CORO:

Más allá, más allá,
Reunido a los míos seré,
Más allá, más allá, más allá,
Mi carrera a su fin toca ya.

172. JESUS, YO HE PROMETIDO

1

Jesús, yo he prometido
Servirte con amor;
Concédeme tu gracia,
Mi amigo y Salvador.
No temeré la lucha
Si tú a mi lado estás,
Ni perderé el camino
Si tú guiando vas.

2

El mundo está muy cerca
Y abunda en tentación;
Suave es el engaño
Y es necia la pasión;

Ven tú, Jesús, más cerca,
Mostrando tu piedad,
Y escuda al alma mía
De toda iniquidad.

3

Cuando mi mente vague,
Ya incierta, ya veloz,
Concédeme que escuche,
Jesús, tu clara voz.
Anímame si paro,
Inspírame también;
Repréndeme si temo
En todo hacer el bien.

4

Jesús, tú has prometido,
A todo aquel que va
Siguiendo tus pisadas,
Que al cielo llegará;
Sostenme en el camino,
Y al fin, con dulce amor,
Trasládame a tu gloria,
Mi amigo y Salvador.

173. DESPLIEGUE EL CRISTIANO

1

Despliegue el cristiano su santa bandera
Y muéstrela ufano del mundo a la faz:
¡Soldados valientes!, el triunfo os espera;
Seguid vuestra lucha constante y tenaz.

CORO:

Cristo nos guía, es nuestro Jefe,
Y con nosotros siempre estará;
Nada temamos, él nos alienta,
Y a la victoria llevarnos podrá.

Despliegue el cristiano su santa bandera,
Domine baluartes y almenas a mil;
La Biblia bendita conquiste doquiera,
Y ante ella se incline la turba gentil.

3

Despliegue el cristiano su santa bandera
Y luzca en el frente de audaz torreón:
El monte y la villa, la hermosa pradera,
Contemplen ondeando tan bello pendón.

4

Despliegue el cristiano su santa bandera,
Predique a los pueblos el Libro inmortal;
Presente a los hombres la luz verdadera
Que vierte ese claro, luciente fanal.

5

Despliegue el cristiano su santa bandera,
Y muéstrese bravo batiéndose fiel:
Para él no habrá foso, para él no hay barrera:
Que lucha a su lado el divino Emmanuel.

174. BUSCANDO A JESUS

1

Débil, pobre, ciego soy,
Nada puede en mí valer,
Y a tu cruz ansioso voy,
Do salud podré tener.

CORO:

Yo confío sólo en ti,
¡Oh Jesús, mi Salvador!
Dame paz, dame perdón;
Dame hoy tu salvación.

Mucho tiempo el mal en mí
Ha reinado sin cesar,
Y hoy, Señor, acudo a ti
Ya deseando descansar.

3

Toma tú mi entero ser,
Alma y cuerpo tuyos son;
No los vaya a retener
En su red la tentación.

4

Cristo, ven al corazón,
A morar por siempre en él,
Y obtenido tu perdón,
Haz que pueda serte fiel.

175. ¡OH CRISTO MIO!

1

¡Oh! Cristo mío, eres tú mi amigo fiel,
Seguro amparo sólo en ti tendré;
En mis aflicciones, buen Jesús, iré a ti
Y consuelo y dicha me darás, ¡oh, sí!

CORO:

Cristo, ven más cerca;
Paz perfecta en mi alma pon,
Cerca, sí, más cerca, de mi corazón.

2

Cuando en la noche vea yo estrellas mil,
Tu voz hermosa pueda mi alma oír;
Haz que yo medite en tu tierno y dulce amor,
Y que yo te alabe lleno de fervor.

3

Cuando esta vida tenga yo que abandonar,
Corona hermosa tú me ceñirás;
Y con dulce canto tu bondad alabaré
Y en mansión de gloria siempre moraré.

176. INVOCACION A LA TRINIDAD

1

¡Oh Padre, eterno Dios!
Alzamos nuestra voz,
En gratitud,
De cuanto tú nos das,
Con sin igual amor,
Hallando nuestra paz
En ti, Señor.

2

¡Bendito Salvador!,
Te damos con amor
El corazón;
Y aquí nos puedes ver
Que, humildes a tu altar,
Venimos a ofrecer
Precioso don.

3

¡Espíritu de Dios!
Escucha nuestra voz,
Y tu bondad,
Derrama en nuestro ser
Divina claridad
Para poder vivir
En santidad.

177. NO TE DE TEMOR HABLAR POR CRISTO

1

¡No te dé temor hablar por Cristo!
Haz que brille en ti su luz;
Al que te salvó confiesa siempre,
Todo debes a Jesús.

CORO:

¡No te dé temor, no te dé temor,
Nunca, nunca, nunca:
Es tu amante Salvador,
Nunca, pues, te dé temor!

2

¡No te dé temor hacer por Cristo
Cuanto de tu parte está!
Obra con amor, con fe y constancia:
Tus trabajos premiará.

3

¡No te dé temor sufrir por Cristo
Los reproches o el dolor!
Sufre con amor tus pruebas todas,
Cual sufrió tu Salvador.

4

¡No te dé temor vivir por Cristo
Esa vida que te da!
Si tan sólo en él por siempre fiares,
El con bien te sacará.

5

¡No te dé temor morir por Cristo!
Vía, verdad y vida es él;
El te llevará con su ternura
A su célico vergel.

178. MI ESPIRITU, ALMA Y CUERPO

1

Mi espíritu, alma y cuerpo,
Mi ser, mi vida entera:
Cual viva, santa ofrenda,
Entrego a ti, mi Dios.

CORO:

Mi todo a Dios consagro,
En Cristo, el vivo altar;
¡Descienda el fuego santo,
Su sello celestial!

Soy tuyo, Jesucristo,
Comprado con tu sangre;
Contigo haz que ande
En plena comunión.

3
Espíritu Divino,
Del Padre la promesa;
Sedienta, mi alma anhela
De ti la santa unción.

179. ¡TRABAJAD, TRABAJAD!

1
¡Trabajad! ¡Trabajad! Somos siervos de Dios,
Seguiremos la senda que el Maestro trazó;
Renovando las fuerzas con bienes que da,
El deber que nos toca cumplido será.

CORO:

¡Trabajad! ¡Trabajad!
¡Esperad, y velad!
¡Confiad! ¡Siempre orad!
¡Que el Maestro pronto volverá!

2
¡Trabajad! ¡Trabajad! Hay que dar de comer
Al que pan de la vida quisiere tener;
Hay enfermos que irán a los pies del Señor
Al saber que de balde los sana su amor.

3
¡Trabajad! ¡Trabajad! Fortaleza pedid,
El reinado del mal con valor combatid;
Conducid los cautivos al Libertador
Y decid que de balde redime su amor.

180. LAS SANTAS ESCRITURAS

1

Padre, tu palabra es
Mi delicia y mi solaz:
Guíe siempre aquí mis pies
Y a mi pecho traiga paz.

CORO:

Es tu ley, Señor,
Faro celestial
Que, en perenne resplandor,
Norte y guía da al mortal.

2

Sí, obediente oí tu voz;
En tu gracia fuerza hallé
Y con firme pie y veloz
Por tus sendas caminé.

3

Tu verdad es mi sostén,
Contra duda y tentación,
Y destila calma y bien
Cuando asalta la aflicción.

4

Son tus dichos para mí
Prendas fieles de salud;
Dame, pues, que te oiga a ti
Con filial solicitud.

181. ESCUCHAD, JESUS NOS DICE

1

Escuchad, Jesús nos dice:
«¿Quiénes van a trabajar?
Campos blancos hoy aguardan
Que los vayan a segar.»
El nos llama cariñoso,
Nos constriñe con su amor;
¿Quién responde a su llamada:
«Heme aquí, yo iré, Señor?»

Si por tierras o por mares
No pudieres transitar,
Puedes encontrar hambrientos
En tu puerta que auxiliar;
Si careces de riquezas,
Lo que dio la viuda da;
Si por el Señor lo dieres,
El te recompensará.

3

Si como elocuente apóstol
No pudieres predicar,
Puedes de Jesús decirles
Cuánto al hombre supo amar.
Si no logras que sus culpas
Reconozca el pecador,
Conducir los niños puedes
Al benigno Salvador.

182. ¡GLORIA A TI, JESUS DIVINO!

1

¡Gloria a ti, Jesús Divino!
¡Gloria a ti por tus bondades!
¡Gloria eterna a tus piedades!
Querido Salvador.
CORO:
¡Gloria, gloria, aleluya!
¡Gloria, gloria, aleluya!
¡Gloria, gloria, aleluya!
A nuestro Salvador.

2

Tú me amaste con ternura,
Y por mí en la cruz moriste,
Con ternura me quisiste,
Querido Salvador.

3

Tengo fe sólo en tu muerte,
Pues con ella me salvaste;
Vida eterna me compraste,
Querido Salvador.

Te veremos en el cielo:
A vivir contigo iremos;
Tu presencia gozaremos,
Querido Salvador.

5

Ten valor, valor cristiano,
Cristo es tu mejor amigo:
El te llevará consigo;
Jesús es tu Señor.

183. CANTA, ¡OH BUEN CRISTIANO!

1

¡Canta, oh buen cristiano!
Dulce será cantar,
Hace el camino llano,
Libra el pesar:
Canta en las noches tristes,
Canta en el sol y en luz;
El mal así resistes,
Canta de Jesús.

2

¡Canta, oh buen cristiano!
Templa tu corazón;
Alza a tu Soberano
Tu feliz canción.
Siempre está lleno el mundo
De endechas y dolor;
Canta el amor profundo
De tu Salvador.

3

¡Canta, oh buen cristiano!
Dios tu socorro es,
El sostendrá tu mano
Hasta la vejez.
¿Sabes que al diablo invitas
Cuando medroso estás?
Dios quitará tus penas
Si cantando vas.

184. EN JESUS, MI SALVADOR

1

Lejos de mi Padre Dios,
Por Jesús fui hallado;
Por su gracia y por su amor,
Sólo fui salvado.

CORO:

¡En Jesús, mi Señor,
Sea mi gloria eterna!
El me amó y me salvó,
En su gracia tierna.

2

En Jesús, mi Salvador,
Pongo mi confianza;
Toda mi necesidad
Suple en abundancia.

3

Cerca de mi buen Pastor
Vivo cada día;
Toda gracia en su Señor
Halla el alma mía.

4

¡Guárdame, Señor Jesús,
Para que no caiga!
Como un sarmiento en la vid,
Vida de ti traiga.

185. ¡OH, BONDAD TAN INFINITA!

1

¡Oh bondad tan infinita
Hacia el mundo pecador!
Dios en Cristo revelando
Su eternal y santo amor.

CORO:

¡Es Jesús para mí
La esperanza de salud;
Sólo en él hallaré
La divina plenitud!

2

Como el vasto firmamento,
Como el insondable mar
Es la gracia salvadora
Que Jesús al alma da.

3

Aunque fueren tus pecados
Rojos como el carmesí,
En el río del Calvario
Hay limpieza para ti.

186. PRESENTIMOS DEL MUNDO DICHOSO

1

Presentimos del mundo dichoso
Los placeres que Dios nos dará;
El país lo creemos hermoso:
Mas hallarnos allí ¿qué será?

CORO:

¿Qué será? ¿Qué será?
Mas hallarnos allí ¿qué será?
¿Qué será? ¿Qué será?
Mas hallarnos allí ¿qué será?

2

Esperamos el gozo, la gloria,
La grandeza sin fin que tendrá
El mortal que ganó la victoria:
Mas hallarnos allí ¿qué será?

3

Anhelamos el día esplendente
Que en el santo país brillará
Por Jesús el Cordero inocente:
Mas hallarnos allí ¿qué será?

4

Bien sabemos que llanto, ni duelo,
Ni pecados, ni males habrá
En la casa de Dios en el cielo:
Mas hallarnos allí ¿qué será?

1

Yo guiaré al peregrino extraviado,
Bondadoso hasta el pie de la cruz;
Yo diré al corazón angustiado:
Hallarás tu consuelo en Jesús.

CORO:

Yo guiaré, yo guiaré,
Al sediento de vida y de luz;
Yo guiaré, yo guiaré,
Al perdido a los pies de Jesús.

2

Yo diré al que buscare la calma,
Que se llegue al amante Jesús;
Yo diré con placer a aquella alma:
¡Que te inunden sus ondas de luz!

3

Al que vague buscando una fuente
Do apagar de su sed el ardor:
Lo guiaré con amor diligente
A Jesús, la gran fuente de amor.

4

Al cansado que busque reposo,
Sin hallarlo en su duro penar,
Le diré que reciba al bondadoso:
«Ven a mí, yo te haré descansar.»

188. BELLAS PALABRAS DE VIDA

1

¡Oh, cantádmelas otra vez!
Bellas palabras de vida;
Hallo en ellas mi gozo y luz,
Bellas palabras de vida;

Sí, de luz y vida;
Son sostén y guía:
‖¡Qué bellas son, qué bellas son!
Bellas palabras de vida.‖

2

Jesucristo a todos da
Bellas palabras de vida;
Hoy escúchalas, pecador,
Bellas palabras de vida;
Bondadoso te salva,
Y al cielo te llama:
‖¡Qué bellas son, qué bellas son!
Bellas palabras de vida.‖

3

Grato el cántico sonará,
Bellas palabras de vida;
Tus pecados perdonará,
Bellas palabras de vida;
Sí, de luz y vida,
Son sostén y guía:
‖¡Qué bellas son, qué bellas son!
Bellas palabras de vida.‖

189. YO ESPERO LA MAÑANA

1

Yo espero la mañana
De aquel día sin igual,
De donde la dicha emana
Y do el gozo es eternal.

CORO:

Esperando, esperando
Otra vida sin dolor,
Do me den la bienvenida
De Jesús, mi Salvador.

2

Yo espero la victoria,
De la muerte al fin triunfar:
Recibir la eterna gloria
Y mis sienes coronar.

3

Yo espero ir al cielo
Donde reina eterno amor:
Peregrino soy, y anhelo
Las moradas del Señor.

4

Pronto espero unir mi canto
Al triunfante y celestial,
Y poder cambiar mi llanto
Por un canto angelical.

190. YO CONSAGRO A TI MI VIDA

1

Yo consagro a ti mi vida,
¡Oh querido y buen Jesús!
Y tu mano bendecida
Llevaráme en clara luz.

CORO:

Trabajando, trabajando,
Viviré por mi Señor:
Buenas nuevas anunciando
Al perdido pecador.

2

Mil temores y mil dudas
Por doquier me asediarán;
Pero tú, Jesús, me ayudas
Y arredrarme no podrán.

Con placer y amor me alisto
En las huestes de la fe:
Fortaleza me da Cristo
Y sin duda venceré.

4

Obtendrán feliz victoria
Los soldados del Señor,
Se verán llenos de gloria
De este mundo en derredor.

191. DE HELADAS CORDILLERAS

1

De heladas cordilleras, de playas de coral,
De etiópicas riberas del mar meridional,
Nos llaman afligidas, a darles libertad,
Naciones sumergidas en densa oscuridad.

2

Nosotros, alumbrados de celestial saber,
¿A tantos desgraciados veremos perecer?
A las naciones demos de Dios la salvación;
El nombre proclamemos que obró la redención.

3

Llevada por los vientos la historia de la cruz,
Despierte sentimientos de amor hacia Jesús;
Prepare corazones, enseñe su verdad
En todas las naciones según su voluntad.

192. DEJO EL MUNDO Y SIGO A CRISTO

1

Dejo el mundo y sigo a Cristo,
Porque el mundo pasará;
Mas su amor, amor bendito,
Por los siglos durará.

¡Oh, qué gran misericordia!
¡Oh, de amor sublime don!
¡Plenitud de vida eterna,
Prenda viva de perdón!

2

Dejo el mundo y sigo a Cristo,
Paz y gozo en él tendré:
Y al mirar que va conmigo
Siempre salvo cantaré.

3

Dejo el mundo y sigo a Cristo,
Su sonrisa quiero ver;
Como luz que en mi camino
Haga aquí resplandecer.

4

Dejo el mundo y sigo a Cristo,
Acogiéndome a su cruz;
¡Y después ir a mirarle
Cara a cara en plena luz!

193.   IGLESIA DE CRISTO

1

Iglesia de Cristo, reanima tu amor,
Y espera velando a tu augusto Señor;
Jesús el esposo, vestido de honor,
Viniendo se anuncia con fuerte clamor.

2

Si falta en algunos el santo fervor,
La fe sea de todos el despertador;
Velad, compañeros, velad sin temor,
Que está con nosotros el Consolador.

3

Quien sigue la senda del vil pecador,
Se entrega en los brazos de un sueño traidor,
Mas para los siervos del buen Salvador,
Velar esperando es su anhelo mejor.

194. GLORIA A LA TRINIDAD

1

A nuestro Padre Dios
Alcemos nuestra voz;
¡Gloria a él!
Tal fue su amor que dio
Al Hijo que murió,
En quien confío yo;
¡Gloria a él!

2

A nuestro Salvador
Demos con fe loor;
¡Gloria a él!
Su sangre derramó,
Con ella me lavó
Y el cielo me abrió;
¡Gloria a él!

3

Espíritu de Dios,
Elevo a ti mi voz;
¡Gloria a ti!
Con celestial fulgor
Me muestras el amor
De Cristo mi Señor;
¡Gloria a ti!

4

Con gozo y amor
Cantemos con fervor
Al trino Dios;
En la eternidad
Mora la Trinidad;
¡Por siempre alabad
Al trino Dios!

195. SOLDADOS DE CRISTO

1

Soldados de Cristo que estáis en la lid,
Luchad sin desmayo, pelead con valor:
Seguid adelante y luchando decid:
¡Rendíos a Cristo, él es el Señor!

CORO:
¡Oh! jóvenes, niños y ancianos, marchad,
Llevando en las manos las armas de luz;
Las almas perdidas con celo buscad,
Y presto llevadlas a Cristo Jesús.

2

Pelead, ¡oh cristianos!, la causa es de Dios:
Seguid adelante, luchad por Jesús;
Sed siempre valientes y alzad vuestra voz,
Diciendo que Cristo murió en una cruz.

3

La aurora se acerca del día final
En que han de premiarse la fe y el valor:
Entonces Jesús, galardón celestial,
Dará a los que al mundo anunciaron su amor.

196. CUANDO LEO EN LA BIBLIA

1

Cuando leo en la Biblia cómo llama Jesús
Y bendice a los niños con amor:
Yo también quisiera estar,
Y con ellos descansar,
En los brazos del tierno Salvador.

2

Ver quisiera sus manos sobre mí reposar,
Cariñosos abrazos de él sentir;
Sus miradas disfrutar,
Las palabras escuchar:
«A los niños dejad a mí venir.»

Mas aun a su estrado en oración puedo ir,
Y también de su amor participar:
Pues si pongo en él mi fe,
Le veré y le escucharé
En el reino que él fue a preparar.

4

Todos los redimidos y salvados por él
Al Cordero celebran inmortal;
Cantan voces mil y mil,
En el coro infantil,
Pues es de ellos reino celestial.

5

Muchos hay que no saben de esa bella mansión
Y no quieren a Cristo recibir:
Les quisiera yo mostrar
Que para ellos hay lugar
En el cielo do los convida a ir.

6

Yo ansío aquel tiempo venturoso sin fin,
El más grande, el más lúcido, el mejor;
Cuando de cualquier nación,
Niños mil sin distinción,
A los brazos acudan del Señor.

197. ¡OH JOVENES VENID!

1

¡Oh jóvenes, venid, su brillante pabellón
Cristo ha desplegado ante la nación:
A todos en sus filas os quiere recibir;
Y con él a la pelea os hará salir!

CORO:

¡Vamos a Jesús, alistados sin temor;
Vamos a la lid, inflamados de valor!
Jóvenes, luchemos todos contra el mal:
En Jesús llevamos nuestro General.

¡Oh jóvenes, venid, el Caudillo Salvador
Quiere recibiros en su derredor;
Con él a la batalla salid sin vacilar,
Vamos pronto, compañeros, vamos a luchar!

3

Las armas invencibles del Jefe guiador
Son el evangelio y su grande amor;
Con ellas revestidos y llenos de poder,
Compañeros, acudamos, vamos a vencer.

4

Los fieros enemigos, engendros de Satán,
Se hallan sostenidos por su capitán;
¡Oh jóvenes, vosotros poneos sin temor
A la diestra del Caudillo, nuestro Salvador!

5

Quien venga a la pelea, su voz escuchará;
Cristo la victoria le concederá;
¡Salgamos, compañeros, luchemos bien por él,
Con Jesús conquistaremos inmortal laurel!

198.   JESUS EN LOS CIELOS

1

Jesús, de los cielos al mundo bajó
En busca de joyas que amante compró.

CORO:

Los niños salvados
Serán como el sol:
Brillando en la gloria
Del Rey Salvador.

2

Angustias y muerte, y horrible aflicción,
Costaron las joyas que amante compró.

3

Su hermosa diadema de eterno esplendor
La adornan las joyas que amante compró.

4

Los niños y niñas que van al Señor,
Son todos las joyas que amante compró.
5
Venid, pues, alegres al buen Redentor:
El quiere las joyas que amante compró.

199. GOZO LA SANTA PALABRA AL LEER

1
Gozo la Santa Palabra al leer,
Cosas preciosas allí puedo ver,
Y es la más bella que el buen Redentor
Tiene a los niños muy tierno amor.

CORO:
¡Con tierno amor me ama Jesús,
Me ama Jesús, me ama Jesús;
Con tierno amor me ama Jesús,
Me ama aún a mí!

2
Me ama Jesús, pues al mundo bajó,
Y por salvarme su vida entregó;
A sus discípulos él dijo así:
«Dejad a los niños que vengan a mí.»

3
Cuando yo esté en la celeste mansión,
Esta por siempre será mi canción:
¡Oh buen Jesús, te bendigo yo a ti!
¡Qué maravilla! —me amaste tú a mí.

200. NITIDO RAYO POR CRISTO

1
Nítido rayo por Cristo
Yo quiero siempre ser;
En todo quiero agradarle
Y hacerlo con placer.

CORO:

Un nítido rayo,
Nítido rayo por Cristo;
Un nítido rayo,
Nítido rayo seré.

2

A Cristo quiero llegarme
En mi temprana edad;
Por siempre quiero amarle
Y hacer su voluntad.

3

Nítido rayo en tinieblas
Deseo resplandecer;
Almas perdidas a Cristo
Anhelo conducir.

4

Una mansión en el cielo
Fue Cristo a preparar,
Que el niño tierno y amante
En ella pueda entrar.

201.   LA LUCHA SIGUE

1

Luchando estáis; aún suena la trompeta hoy
Llamando a los soldados a la lid;
A Jesucristo con valor decid: «Yo voy»;
Y él os dirá: «¡Venid, oh sí, venid!»

CORO:

La lucha sigue, oh cristianos,
Y brazo a brazo lucharéis;
En Jesucristo seguid confiando
Y por la fe en él venceréis;
La lucha sigue, oh cristianos,
Sed fieles y en Jesús confiad;

La lucha siempre seguid, hermanos,
Y la victoria esperad.

2

Luchando estáis, soldados del Señor Jesús,
Luchando estáis en contra de Satán;
Es Jesucristo nuestra fortaleza y luz,
Y él también es nuestro Capitán.

3

Luchando estáis; confiados en Jesús marchad,
Haciendo huir al enemigo vil:
Y Jesucristo nuestro Jefe, amante y fiel,
Sostén será de todos en la lid.

202. SI A JESUS ACUDO

1

Si a Jesús acudo me bendecirá;
Cuando me halle triste, me consolará.

CORO:

Si a Jesús acudo, me bendecirá,
Como a todo niño que a su lado va.

2

Si a Jesús acudo, me dará perdón;
El pondrá su gozo en mi corazón.

3

Si a Jesús acudo, me ayudará
Y de los pecados él me librará.

4

Si a Jesús acudo, él será mi Bien
Y me llevará a aquel feliz Edén.

203. LOS NIÑOS, JOYAS DE CRISTO

1

Los niños son de Cristo, él es su Salvador:
Son joyas muy preciosas, comprólas con su amor.

CORO:

Joyas, joyas, joyas, joyas del Salvador,
Están en esta tierra cual luz y dulce amor.

2

Los niños son tesoros, pues que del cielo son;
Luz refulgente esparcen en horas de aflicción.

3

Los niños son estrellas de grata claridad:
Quiere Jesús que anuncien al mundo su verdad.

4

Los niños son de Cristo, por ellos él vendrá
Y con él para siempre dichosos vivirán.

204. CRISTO ME AMA

1

Cristo me ama, bien lo sé;
Su palabra me hace ver
Que los niños son de Aquel,
Quien es nuestro amigo fiel

CORO:

Cristo me ama, Cristo me ama;
Cristo me ama, la Biblia dice así.

2

Cristo me ama, pues murió,
Y el cielo me abrió;
El mis culpas quitará
Y la entrada me dará.

3

Cristo me ama —es verdad—
Y me cuida en su bondad:
Cuando muera, si soy fiel,
Viviré allá con él.

EL REPOSO

1

Salvo en los tiernos brazos
De mi Jesús seré;
Y en su amoroso pecho
Siempre reposaré:
Este es, sin duda, el eco
De celestial canción
Que de inefable gozo
Llena mi corazón.

CORO:

Salvo en los tiernos brazos
De mi Jesús seré;
Y en su amoroso pecho
Siempre reposaré.

2

De sus amantes brazos
La gran solicitud
Me libra de tristeza,
Me libra de inquietud;
Y si tal vez hay pruebas,
Fáciles pasarán;
Lágrimas, si vertiere,
Pronto se enjugarán.

3

Y cruzaré la noche
Lóbrega sin temor,
Hasta que venga el día
De perennal fulgor:
¡Cuán placenteros entonces
Con él será morar;
Y en la mansión de gloria
Siempre con él reinar!

206. VENID, PASTORCILLOS

1

Venid, pastorcillos, venid a adorar
Al Rey de los cielos que nace en Judá:
Sin ricas ofrendas podemos llegar,
Que el niño prefiere la fe y la bondad.

2

Un rústico techo abrigo le da,
Por cuna un pesebre, por templo un portal;
En lecho de pajas incógnito está
Quien quiso a los astros su gloria prestar.

3

Hermoso lucero le vino a anunciar
Y magos de Oriente buscándole van;
Delante se postran del Rey de Judá,
De incienso, oro y mirra tributo le dan.

207. SUENEN DULCES HIMNOS

1

¡Suenen dulces himnos, gratos al Señor,
Y óiganse en concierto universal!
Desde el alto cielo baja el Salvador
Para beneficio del mortal.

CORO:

¡Gloria!, ¡gloria sea a nuestro Dios!
¡Gloria, sí, cantemos a una voz!
Y el cantar de gloria que se oyó en Belén
Sea nuestro cántico también.

2

Montes y collados fluyan leche y miel,
Y abundancia esparzan y solaz;
Gócense los pueblos, gócese Israel,
Que a la tierra viene ya la paz.

3

Salte de alegría, lleno el corazón,
La abatida y pobre humanidad;
Dios se compadece viendo su aflicción,
Y le muestra buena voluntad.

4

Lata en nuestros pechos noble gratitud
Hacia quien nos brinda redención:
Y a Jesús el Cristo que nos da salud,
Tributemos nuestra adoración.

208.   LUGAR PARA CRISTO

1

Tú dejaste tu trono y corona por mí
Al venir a Belén a nacer;
Mas a ti no fue dado el entrar al mesón,
Y en pesebre te hicieron nacer.

CORO:

Ven a mi corazón, ¡oh Cristo!,
Pues en él hay lugar para ti;
Ven a mi corazón, ¡oh Cristo!, ven,
Pues en él hay lugar para ti.

2

Alabanzas celestes los ángeles dan
En que rinden al Verbo loor;
Mas humilde viniste a la tierra, Señor,
A dar vida al más vil pecador.

3

Siempre pueden las zorras sus cuevas tener,
Y las aves sus nidos también;
Mas el Hijo del hombre no tuvo un lugar
En el cual reclinara su sien.

4

Tú viniste, Señor, con tu gran bendición
Para dar libertad y salud;
Mas con odio y desprecio te hicieron morir,
Aunque vieron tu amor y virtud.

5

Alabanzas sublimes los cielos darán
Cuando vengas glorioso de allí;
Y tu voz entre nubes dirá: «Ven a mí,
Que hay lugar junto a mí para ti.»

209. ¡OH, GLORIA INENARRABLE!

1

¡Oh gloria inenarrable!
¡Prodigio sin segundo!
¡Dios mismo viene al mundo
Naciendo de mujer!
Y vemos en sus brazos,
Al seno recogido,
Cual niño desvalido,
De cielo y tierra al Rey.

2

¡Venid, gentes y pueblos!
¡Venid con afán santo!
No os cause mudo espanto
La densa lobreguez;
Pues brotan de esta noche
Divinas claridades
Que todas las edades
Verán resplandecer.

3

Venid, que ya al vagido
Del Niño dulce y tierno
Se estremeció el infierno,
Se conturbó Luzbel;

Y coros celestiales,
Cantando el nacimiento,
Con jubiloso acento,
Nos llaman a Belén.

4

Mas no en suntuoso alcázar
Busquéis al regio Infante,
Bajo artesón brillante
Ni espléndido dosel:
¡Su cuna es un establo
Que azota el cierzo frío,
Cuajándose el rocío
Sobre su nívea tez!

5

Así al humilde y pobre
Levanta y beatifica;
Así al orgullo indica
Su ciega insensatez;
Así rebaja el precio
De las mundanas glorias;
Sus dichas ilusorias,
Su efímero oropel.

210. LOS HERALDOS CELESTIALES

1

Los heraldos celestiales
Cantan con sonora voz:
¡Gloria al Rey recién nacido,
Que del cielo descendió!
Paz, misericordia plena,
Franca reconciliación
Entre Dios tan agraviado
Y el mortal que le ofendió.

2

La Divinidad sublime
En la carne se veló;
Ved a Dios morando en carne

Y adorad al Hombre-Dios:
Emmanuel, Dios con nosotros,
A la tierra descendió;
Y hecho hombre, con los hombres
Tiene ya su habitación.

3

¡Salve!, Príncipe glorioso
De la paz y del perdón;
Salve a ti que de justicia
Eres el divino Sol;
Luz y vida resplandecen
A tu grata aparición,
Y en tus blancas alas traes
La salud al pecador.

4

Nace manso, despojado
De su gloria y esplendor,
Porque no muramos todos
En fatal condenación:
Nace, sí, para que el hombre
Tenga en él resurrección;
Nace para que renazca
A la vida el pecador.

211. ¡GLORIA A DIOS EN LAS ALTURAS!

1

¡Gloria a Dios en las alturas,
Que mostró su gran amor!
Dando a humanas criaturas
Un potente Salvador.
Con los himnos de los santos
Hagan coro nuestros cantos
De alabanza y gratitud
Por la divinal salud,

Y digamos a una voz:
¡En los cielos gloria a Dios!

2

¡Gloria a Dios! la tierra cante
Al gozar de su bondad,
Pues le brinda paz constante
En su buena voluntad.
Toda tribu y lenguas todas
Al Excelso eleven odas
Por el Rey Emmanuel
Que les vino de Israel:
Y prorrumpan a una voz:
¡En los cielos gloria a Dios!

3

¡Gloria a Dios! la Iglesia entona,
Rota al ver su esclavitud,
Por Jesús, que es su corona,
Su Cabeza y plenitud.
Vigilante siempre vive
Y a la lucha se apercibe
Mientras llega su solaz
En la gloria y plena paz;
Donde exclama a una voz:
¡En los cielos gloria a Dios!

212. ¡NOCHE DE PAZ, NOCHE DE AMOR!

1

¡Noche de paz, noche de amor!
Todo duerme en derredor,
Entre los astros que esparcen su luz:
Bella anunciando al niñito Jesús:
||Brilla la estrella de paz.||

2

¡Noche de paz, noche de amor!
Oye humilde el fiel pastor
Coros celestes que anuncian salud,

Gracias y glorias en gran plenitud
||Por nuestro buen Redentor.||

3

¡Noche de paz, noche de amor!
Ved qué bello resplandor
Luce en el rostro del niño Jesús;
En el pesebre, del mundo la luz:
||Astro de eterno fulgor.||

213. UN AMIGO HAY MAS QUE HERMANO

1

Un amigo hay más que hermano,
Cristo el Señor,
Quien llevó en su cuerpo humano
Nuestro dolor:
Este Amigo moribundo,
Padeciendo por el mundo,
Le mostró su amor profundo;
¡Dadle loor!

2

Conocerle es vida eterna,
Cristo el Señor;
Todo aquel que quiera, venga
Al Redentor;
Por nosotros él derrama
Vida suya, pues nos ama;
Y a su lado a todos llama;
¡Dadle loor!

3

Hoy, ayer y por los siglos
Cristo el Señor,
Es el mismo fiel amigo;
Ven, pecador.
Es maná en el desierto,
Nuestro guía, nuestro puerto,
Es su amor el mismo cielo:
¡Dadle loor!

214. GLORIA DEMOS AL PADRE

Gloria demos al Padre,
Al Hijo y al Santo Espíritu;
Como eran al principio,
Son hoy y habrán de ser
Eternamente. Amén.

215. EL GRAN DIA DEL JUICIO

1

Soñé que el gran día del juicio
Llegó, y sonó el clarín;
Soñé ver los pueblos reunidos
Para oír de su suerte sin fin;
Del cielo bajó un gran ángel,
Y, parado en tierra y mar,
Juró con su diestra alzada
Que el tiempo ya no más será.

CORO:

Con llanto y duelo entonces
Los perdidos su cuenta darán:
Clamarán a las rocas: «Cubridnos.»
Orarán, pero tarde será.

2

El rico llegó, mas su oro
Se fue y se desvaneció;
Cual pobre paróse ante el trono,
De sus deudas a Dios se acordó;
El grande, también, mas la muerte
Le había quitado su honor:
Y el ángel, abriendo los libros,
No halló nada en su favor.

3

Vino el moralista al juicio,
Mas vana fue su pretensión:
También los que a Cristo mataron

Hicieron moral profesión;
Y el alma que daba la excusa
—«Hoy no, otro día mejor»—
Halló que por siglos eternos
Sufriría por su gran error.

216. YA VENIMOS, CUAL HERMANOS

1
Ya venimos, cual hermanos,
A la cena del Señor;
¡Congreguémonos, cristianos,
Respirando tierno amor!

2
En memoria de su muerte,
Y la sangre que vertió,
Celebremos el banquete
Que en su amor nos ordenó.

3
Recordando las angustias
Que por nos sufrió el Señor,
Dividida está nuestra alma
Entre el gozo y el dolor.

4
Invoquemos la presencia
Del divino Redentor;
Que nos mire con clemencia
Y nos llene de su amor.

217. LA SANTA CENA

1
Santa Cena, para mí
Eres memorial aquí;
Tú me enseñas con verdad
El misterio de bondad;
Me recuerdas de la cruz,
Del Cordero, mi Jesús.

2

Tú elevas nuestro ser
Al angélico placer;
Tipificas con señal
La crucifixión pascual.
Comulguemos al tomar
De Jesús y su penar.

3

Participe el corazón
De tu conmemoración;
Nos recuerdas el partir
De Jesús y su venir;
Eres tú nuestra señal
De su pacto divinal.

4

Como sello del amor
Del divino Redentor,
Volveremos a tomar,
Y con Cristo disfrutar,
De la cena del Señor,
Prenda fiel del viador.

218. YO ME ACUERDO

1

Yo me acuerdo que Jesús por mí murió
En la cruz, en el Calvario él sufrió.
Yo me acuerdo que él murió, su Espíritu entregó,
Pues por mí el Señor murió.

CORO:

Yo me acuerdo que Jesús pagó por mí
Mi gran deuda: hoy estoy libre aquí;
Por la sangre de Jesús, derramada en la cruz,
Redimido y salvo soy.

2

Yo me acuerdo que Jesús el pan quebró,
A los suyos todos con amor lo dio;
En su cuerpo el Señor ya llevó nuestro dolor,
Pues por mí el Señor murió.

3

Yo me acuerdo que el vino él les dio:
«Sí, tomad de ello todos», les mandó;
«Es mi sangre de la cruz, por la cual os doy la luz.»
Pues por mí el Señor murió.

219. DIOS BENDIGA LAS ALMAS UNIDAS

1

Dios bendiga las almas unidas
Por los lazos de amor sacrosanto,
Y las guarde de todo quebranto
En el mundo de espinas erial.
Que el hogar que a formarse comienza,
Con la unión de estos dos corazones,
Goce siempre de mil bendiciones
Al amparo del Dios de Israel.

2

Que el Señor, con su dulce presencia,
Cariñoso estas bodas presida
Y conduzca por sendas de vida
A los que hoy se han jurado lealtad.
Les recuerde que nada en el mundo
Es eterno, que todo termina,
Y por tanto, con gracia divina,
Cifrar deben la dicha en su Dios.

3

Que los dos que al altar se aproximan
A jurarse su fe mutuamente,
Busquen siempre de Dios en la fuente
El secreto de dicha inmortal.
Y si acaso de duelo y tristeza
Se empañasen sus sendas un día,
En Jesús hallarán dulce guía
Que otra senda les muestre mejor.

220. HOGAR DE MIS RECUERDOS

1

Hogar de mis recuerdos,
A ti volver anhelo;
No hay sitio bajo el cielo
Más dulce que el hogar.
Posara yo en palacios,
Corriendo el mundo entero,
A todos yo prefiero
Mi hogar, mi dulce hogar.

CORO:

¡Mi hogar, mi hogar, mi dulce hogar!
No hay sitio bajo el cielo
Más dulce que el hogar.

2

¡Allí la luz del cielo
Desciende más serena,
De mil delicias llena
La dicha del hogar!
Allí las horas corren
Más breves y gozosas;
Allí todas las cosas
Recuerdan sin cesar.

3

Más quiero que placeres
Gozar en tierra extraña,
Volver a la cabaña
De mi tranquilo hogar.
Allí mis pajarillos
Me alegran con sus cantos;
Allí con mil encantos
Está la luz de paz.

221. DE JESUS EL NOMBRE INVOCA

1

De Jesús el nombre invoca,
Búscale con vivo afán;

Dulce hará tu amarga copa,
Tus pesares cesarán.

CORO:
Suave luz, manantial
De esperanza, fe y amor;
Sumo bien, celestial,
Es Jesús el Salvador.

2
De Jesús el nombre adora;
Que te sirva de broquel;
Alma débil perturbada,
Hallarás asilo en él.

3
De Jesús el nombre ensalza,
Cuyo sin igual poder
Del sepulcro nos levanta,
Renovando nuestro ser.

222.   DISIPADAS LAS NEBLINAS

1
Disipadas las neblinas,
A la vista de esplendor
De las sierras y las rías
A la luz y amor del sol.
Del Señor el arco viendo,
De promesas la señal,
Con amigos verdaderos
Gozaremos claridad.

CORO:
Como nos conocerán,
Llegaremos a tener
Pleno y recto entendimiento,
Paz, tranquilidad, placer;
Justamente juzgaremos
Sin las nieblas del ayer.

2

Caminar atribulados
Contemplando el porvenir;
Es sombrío, duro y largo
En la soledad sufrir.
Mas la voz «Venid, benditos»
A las penas fin pondrá;
En la aurora allá reunidos,
Tras las nieblas claridad.

3

Todos dicha rebosando,
Del gran solio en derredor,
Entre amantes, entre amados,
Recta y santa comprensión;
Do los redimidos cantan
Su rescate sin cesar,
Tras de augusta cara el velo
Gozaremos claridad.

223. JESUCRISTO DESDE EL CIELO

1

Jesucristo desde el cielo,
Con benigna voz de amor,
A su lado te convida,
Desdichado pecador.

2

No rechaces su llamada,
Abre ya tu corazón;
El te ofrece paz, consuelo
Y perfecta salvación.

3

El te ama con ternura,
En la cruz lo demostró;
Pues allí por tu pecado
Pura sangre derramó.

4

Con afán Jesús te busca
Cual amante y fiel pastor,
Mientras vagas extraviado
Por la senda del error.

5

¡Oh, acude sin demora
A tu Salvador y Dios;
El te brinda dulce alivio,
No resistas más su voz.

224. ALLI LA PUERTA FRANCA ESTA

1

Allí la puerta franca está,
Su luz es refulgente;
La cruz sea vista más allá,
Señal de amor ferviente.

CORO:
¡Oh, cuánto me ama Dios a mí!
La puerta franca está por mí;
¿Por mí?; por mí.
Bien franca está por mí.

2

Y los que buscan salvación
La entrada libre tienen;
No hay pobre, rico ni nación
En cuantos a ella vienen.

3

Pasado el río, más allá,
En la feraz pradera,
El premio de la cruz está:
¡Eterna primavera!

225. SU SANGRE DERRAMO JESUS

1

Su sangre derramó Jesús,
La sangre te puede limpiar;
Para nosotros en la cruz,
La sangre te puede limpiar.

CORO:

||La sangre te puede limpiar,||
Tus muchos pecados Dios puede
    quitarte.
La sangre te puede limpiar.

2

¿Deseas tú andar con Dios?
La sangre te puede limpiar;
¿Y siempre oír su dulce voz?
La sangre te puede limpiar.

3

¿En gloria quieres tú morar?
La sangre te puede limpiar;
¿Con Cristo eternamente estar?
La sangre te puede limpiar.

4

¡Oh, no rechaces el perdón!
La sangre te puede limpiar;
Así tendrás gran salvación,
La sangre te puede limpiar.

226. A LA BATALLA Y A LA VICTORIA

1

¡A la batalla y a la victoria!
Vamos con Dios nuestro Rey,
Que con su brazo fuerte y robusto
Siempre defiende su grey.
Pues sin temor avancemos
Entusiasmados por fe,
Mientras alegres cantemos
Gloria a Dios nuestro Rey.

No es la victoria de los ligeros,
No de los fuertes la paz;
Mas de los fieles en Cristo
Es el eterno solaz.

2

¡A la batalla y a la victoria!
¿Quién será este buen Rey?
¿Cuáles las tropas que así lo siguen
En esta lucha de fe?
Es Jehová el Valiente
De los señores Señor,
Acompañado por todos
Los que aprecian su amor.

3

¡A la batalla y a la victoria!
Bajo tan buen General
Derrotaremos, ya en seguida,
Todas las fuerzas del mal.
Reinos y tropas, aun mundos,
Todos al fin pasarán,
Mas los amados en Cristo
Vida eterna tendrán.

227. ¡OH DIOS, VISITANOS!

1

¡Oh Dios, visítanos, no tardes!
Mándanos, ¡oh Señor!, tu poder;
Venimos hoy a tus altares,
Manifiesta, ¡oh Señor!, tu poder;

Es tu promesa, Salvador,
Darnos el gran Consolador,
Que nos dará mayor fervor;
Sí, demuestra, ¡oh Señor!, tu poder.

2

Dios de Elías, te pedimos
Que reveles hoy tu gran poder;
Que sepa el mundo que servimos
Al Dios vivo de gracia y poder.
Sí, quítanos toda maldad,
Impártenos tu santidad
Y guárdanos en libertad;
Sí, demuestra, ¡oh Señor!, tu poder.

3

Avívanos, Señor, escucha,
Manifiesta, ¡oh Señor!, tu poder:
El ánimo y fe levanta,
Ejercita, ¡oh Señor!, tu poder;
Inflama nuestro corazón,
Concédenos más compasión,
Gocemos dulce comunión;
Sí, demuestra, ¡oh Señor!, tu poder.

228.   VENID TODOS A LA LID

1

Venid, ¡oh!, venid todos a la lid;
Marchad, sí, marchad tras el Señor;
Valor, sí, valor, firmes sin temor,
Vamos a vencer al tentador.

CORO:

¡Adelante!, ¡oh soldados todos!
Estad firmes, todos con valor;
¡Adelante!, sí, gritando todos:
«¡La victoria es del Salvador!»

Firmes siempre estad, en Dios sólo fiad,
Su pendón alzad, hoy por la fe;
Vamos a vencer, no hay que temer.
¡Viva Jesucristo nuestro Rey!

3

Por el Rey Jesús, huestes de la luz,
Alzad hoy la cruz, y venceréis;
Pelead con tesón en la oración,
Galardón de Dios recibiréis.

229. HAY MUCHOS QUE VIVEN EN DENSAS TINIEBLAS

1

Hay muchos que viven en densas tinieblas
Por falta del buen Salvador;
Mas hoy mensajeros proclaman sus glorias
Y brilla doquier su fulgor.

CORO:

El reino ya viene, decid la historia,
El reino del buen Redentor;
Y todo el globo cubierto de gloria
La paz gozará del Señor.

2

Avanzan veloces las huestes celestes,
Avanzan con fe y valor;
Conquistan doquiera en nombre de Cristo,
«Pro Cristo» es su gran clamor.

Con cantos y gritos y júbilo santo
A Cristo veremos allá;
Le coronaremos cual Rey Soberano,
El siempre nos gobernará.

230. CIMIENTO ETERNO DE LA FE

1

¡Cuán firme cimiento se ha dado a la fe,
De Dios en su eterna Palabra de amor!
¿Qué más él pudiera en su libro añadir
||Si todo a sus hijos lo ha dicho el Señor?||

2

«Ya te halles enfermo o en plena salud,
Ya rico, ya pobre se encuentre tu ser,
En casa o viajando, por tierra o por mar,
||Conforme a tus años será tu poder.»||

3

«No temas por nada, contigo yo soy;
Tu Dios yo soy solo, tu ayuda seré;
Tu fuerza y firmeza en mi diestra estarán,
||Y en ella sostén y poder te daré.»||

4

«No habrán de anegarte las ondas del mar
Si en aguas profundas te ordeno salir;
Pues siempre contigo seré en tus angustias
||Y todas tus penas podré bendecir.»||

5

«La llama no puede dañarte jamás
Si en medio del fuego te ordeno pasar;
El oro de tu alma más puro será,
||Pues sólo la escoria se habrá de quemar.»||

6

«Mi amor siempre tierno, invariable, eternal,

Constante a mi pueblo mostrarle podré,
Si nívea corona ya ciñe su sien,
||¡Cual tierno cordero aún cuidaré!»||

7

«Al alma que anhele la paz que hay en mí,
Jamás en sus luchas la habré de dejar;
Si todo el infierno la quiere perder,
||¡Yo nunca, no nunca, la puedo olvidar!»||

231.　　¡TRIUNFO! ¡TRIUNFO!

1

¡Triunfo! ¡Triunfo!; cantemos la gloria
Del Rey poderoso, por cuya victoria
Quedó abolido el poder de la muerte
—El fuerte vencido por Uno más fuerte—:
Jesús vencedor, y vencido Satán.

2

El Crucificado, por Dios coronado,
Señor de señores será proclamado,
Daránle honores, dominio y grandeza,
Los siglos futuros eterna realeza
Que ya se merece y pronto tendrá.

3

Su frente celeste ciñendo corona:
Los hombres dan honra a su Santa Persona:
El cetro terrestre en breve empuñando,
En paz le veremos cual Rey dominando
En cielos y tierra el reino de Dios.

232.　　¿QUIEN A CRISTO QUIERE?

1

¿Quién a Cristo quiere
De hoy en más seguir,
Su pendón alzando,
Yendo a combatir?
¿Quién le quiere humilde

Siempre aquí servir,
Siempre obedecerle,
Darle su existir?

CORO:
¿Quién seguirle quiere?
¿Quién responderá
Al buen Redentor:
«Heme aquí, yo iré?»
¿Quién doquier que fuere
Tras su huella irá?
¿Quién dirá al Señor:
«Yo te seguiré»?

2
¿Quién seguirle quiere
Con profundo amor,
Dándole la gloria,
Dándole el honor,
De su noble causa
Siendo defensor,
Y en su santa viña,
Fiel trabajador?

3
¿Quién seguirle quiere
Sin vacilación,
A su seno huyendo
De la tentación,
Sin dudar confiando
En su protección,
Y gozando siempre
De su bendición?

233. JUNTO A LA CRUZ

1
Junto a la cruz do Jesús murió,
Junto a la cruz do salud pedí,
Ya mis maldades él perdonó,
¡A su nombre gloria!

CORO:

¡A su nombre gloria!
¡A su nombre gloria!
Ya mis maldades él perdonó,
¡A su nombre gloria!

2

Junto a la cruz donde le busqué,
¡Cuán admirable perdón me dio!
Ya con Jesús siempre viviré,
¡A su nombre gloria!

3

Fuente preciosa de salvación,
Qué grande gozo yo pude hallar,
Al encontrar en Jesús perdón,
¡A su nombre gloria!

4

Tú, pecador, que perdido estás,
Hoy esta fuente ven a buscar,
Paz y perdón encontrar podrás,
¡A su nombre gloria!

234.   GOZO TE DARA JESUS

1

Puedes obtener la dulce paz de Dios
Si a Jesu-Cristo acudieres hoy;
Ven contrito a su cruz, él tus culpas borrará,
Y así gran gozo te dará Jesús.

CORO:

Gozo da la salvación, gozo en el corazón;
Santo júbilo tendrás cuando reine en ti la paz,
Que te trajo Cristo en la cruenta cruz.

2

El amor de Cristo puedes conocer,
Su sostén y gracia puedes obtener,
No más solo lucharás, Cristo te defenderá,
Y así gran gozo te dará Jesús.

3

¿Quieres tú de Cristo fiel soldado ser
Y pelear por siempre a favor de él?
Ven, entonces, sin tardar,
Más que vencedor te hará,
Y por él luchando, gozo tú tendrás.

4

Tú podrás por Cristo ser aquí una luz,
Si tu todo rindes al Señor Jesús;
Y al venir el Salvador,
En su gloria y esplendor,
¡Con cuán grande gozo reinarás con él!

235.   NO HAY MAS QUE UNO

1

En el mundo no hay más que Uno
Que puede las almas salvar:
Es Cristo, que en el Calvario
Su vida en la cruz entregó.
El es nuestra paz, nuestra vida;
La senda tan sólo es él,
Que nos puede llevar a la gloria,
La patria feliz del mortal.

CORO:

En el mundo no hay más que Uno
Que pue........de salvar,
(Cristo puede........salvar)
Es Jesús, el camino glorioso,
El Hijo amado de Dios.

2

Es Jesús el camino glorioso
Que lleva las almas a Dios,
Y el que seguirlo desea,
Paz, gozo y luz hallará.
La senda de vida es angosta,
Muy pocos la hallan aquí,
Mas feliz es aquél que la sigue,
Perdón, vida eterna tendrá.

En el mundo no hay más que Uno
Que puede las vidas cambiar,
La sangre de Cristo bien puede
Las manchas del alma borrar.
La roca de siglos es Cristo,
El gran Fundamento es él,
De la Iglesia él es la Cabeza,
La fuente de toda verdad.

236. VEN A DESCANSAR

1

Oye, pecador, la voz del Salvador;
«Si estás cansado, ven a descansar;
Ven, no te detengas, echa sobre mí
Toda carga tuya, yo la llevaré.»

CORO:

Ven, ven a mí y descansarás;
Toma hoy mi yugo, yo te salvaré;
Manso soy y humilde, tu amigo soy;
Ven, en mí confía, yo te salvaré.

2

Ven a él, hambriento, aunque pobre estés,
Hay maná del cielo, todo listo está;
Grande es la fiesta, gratis para ti,
Cristo te invita, ven y cenarás.

3

¿Andas tú desviado, lejos del redil?
En los montes densos hay peligros mil;
Deja de vagar, ¡oh, ven al buen Pastor!
Vuelve al rebaño y reposarás.

4

Pon tu fe en Cristo, él te salvará,
Gozo, paz perfecta te concederá;
Nunca él rechaza al que acude a él,
Cristo es compasivo, te recibirá.

237. AVIVA TU OBRA, ¡OH DIOS!

1
Aviva tu obra, ¡oh Dios!
Ejerce tu poder;
Los muertos han de oír la voz
Que hoy hemos menester.

2
A tu obra vida da;
Las almas tienen sed;
Hambrientas de tu buen maná
Aguardan tu merced.

3
Aviva tu labor;
Glorioso fruto dé;
Mediante el gran Consolador
Abunde nuestra fe.

4
La fuente espiritual
Avive nuestro amor;
Será tu gloria sin igual
Y nuestro el bien, Señor.

238. ¡GLORIA A MI JESUS!

1
Por mí sufrió el Salvador,
¡Gloria, gloria a mi Jesús!
Load conmigo al Redentor,
¡Gloria, gloria a mi Jesús!

CORO:
¡Jesús, Jesús el Salvador!
Es dulce el nombre del Señor,
El me rodea con santo amor,
¡Gloria, gloria a mi Jesús!

2

Con mis maldades él cargó,
¡Gloria, gloria a mi Jesús!
Y en la cruz me rescató,
¡Gloria, gloria a mi Jesús!

3

Yo sé que perdonado estoy,
¡Gloria, gloria a mi Jesús!
Y con certeza al cielo voy,
¡Gloria, gloria a mi Jesús!

4

Y al concluir la lucha acá,
¡Gloria, gloria a mi Jesús!
A mejor patria iré a cantar,
¡Gloria, gloria a mi Jesús!

239. ACOGIDA DA JESUS

1

Al que en busca de la luz
Vague ciego y con temor,
Lo recibe el buen Jesús
En los brazos de su amor.

CORO:

Volveremos a cantar,
Cristo acoge al pecador;
Claro hacedlo resonar,
Cristo acoge al pecador.

2

A sus pies descansarás;
Ejercita en él tu fe;
De tus males sanarás;
A Jesús, tu amigo, vé.

3

Hazlo, porque así dirás:
«Ya no me condenaré;
Ya la ley no pide más;
La cumplió Jesús, lo sé.»

Acogerte prometió,
Date prisa en acudir,
Necesitas, como yo,
Vida, que él te hará vivir.

240. LA BIENVENIDA DAREMOS A CRISTO

1

La bienvenida daremos a Cristo
Cuando le veamos del cielo bajar;
En esplendor y gran gloria vestido,
Viene su triunfo para celebrar.

CORO:

Listo estaré cuando él vendrá;
El vendrá, él vendrá;
Listo estaré cuando él vendrá
Jesús pronto regresará.

2

Listo estaré, pues en él he confiado,
Todas mis minas a él consagré,
Cosas amadas por él he dejado,
En Jesu-Cristo mi gozo hallé.

3

Oye, mi amigo, ¿será su venida
Para tu ser una gran bendición?
¿O tiemblas tú al pensar en tal cosa?
¿Temes que sólo traerá maldición?

4

Fiel es Jesús y me ha prometido
Que yo entonces con él reinaré;
Pronto será mi Jesús proclamado
Sobre la tierra por todos el Rey.

241. SANTO ES EL SEÑOR

1

¡Santo! ¡Santo!, grande, eterno Dios,
Con alegría hoy te alabamos;
Rey de reyes, grande Capitán,
Todopoderoso Guerrero,
Honor y gloria, luz y dominio
Tributaremos todos a ti.

CORO:

¡Santo! ¡Santo! eres tú, Señor,
¡Dios de las batallas, glorioso!

2

Alabadle, cielos, tierra y mar,
Toda su iglesia, sus mensajeros;
Alabanzas, cantos de loor,
Hoy unidos elevaremos.
Juez majestuoso y reverendo,
Fuego y vida eres, Señor.

3

Rey de siglos, sólo eterno Dios,
Veraz y justo, incomprensible;
Inmortal, Autor de todo bien,
Eres tú el Anciano de Días.
Y para siempre entonaremos
El canto eterno de redención.

242. EL ES MI FUERTE SALVADOR

1

Vagando yo en la obscuridad,
El Señor me buscó y salvó;
Jesús me halló perdido en la maldad,
Con su sangre mi culpa borró.

CORO:

||El es mi fuerte y gran Salvador,||
Yo perdido fui, mas Cristo me salvó,
El es mi fuerte y gran Salvador.

2

En mi pecado y desesperación,
Su cruz me enseñó el Señor;
Me hizo ver que, aunque en perdición,
Me alcanzaba su gracia y amor.

3

Me gozo en esta grande salvación,
En gloria mi nombre ha de estar,
Del Espíritu me vino la unción,
El por siempre me ha de guardar.

4

Un día alegre Cristo volverá,
Y con él a la gloria iré;
Cambiado allí mi cuerpo vil será,
Cual el cuerpo de Cristo, mi Rey.

243. EL GRAN MEDICO

1

La tierna voz del Salvador
Nos habla conmovida.
Venid al médico de amor,
Que da a los muertos vida.

CORO:

El tiene toda potestad,
Puede sanar la enfermedad;
Lleno de gracia y de bondad
Es nuestro Jesucristo.

2

Confía, tú a quien Satanás
Por años ha ligado,
Tu fe te sana, vete en paz,
De todo mal librado.

3

Los sordos oyen, ciegos ven,
Pues Cristo es el que habla;
Los cojos sanan y andan bien
Mediante su palabra.

4

Así señales seguirán
A los que son creyentes:
Demonios fuera echarán,
Y sanarán las gentes.

244.   ADORADLE

1

Dad al Padre toda gloria,
Dad al Hijo todo honor;
Y al Espíritu divino
Alabanzas de loor.

CORO:

Adoradle, adoradle,
Adorad al Salvador;
Tributadle toda gloria,
Pueblo suyo por su grande amor.

2

Adoradle, ¡oh iglesia!,
Por Jesús tu Redentor;
Rescatada por su gracia,
Libre por su grande amor.

3

Entonadle un canto nuevo,
Huestes libres del Señor;
Tierra, cielos, mar y luna,
Gloria dan al trino Dios.

2.º Coro: —Yo te adoro, yo te adoro,
Yo te adoro, buen Jesús;
Yo te adoro reverente,
¡Oh Cordero santo de mi Dios!

245. CUANDO ESTEMOS EN GLORIA

1
Cantad del amor de Cristo,
Ensalzad al Redentor;
Tributadle, santos todos,
Grande gloria y loor.

CORO:
Cuando estemos en gloria,
En presencia de nuestro Redentor,
¡A una voz la historia
Diremos del gran Vencedor!

2
La victoria es segura
A las huestes del Señor;
¡Oh, pelead con la mirada
Puesta en nuestro Protector!

3
El pendón alzad, ¡cristianos!,
De la cruz, y caminad,
De triunfo en triunfo
Siempre firmes avanzad.

4
Adelante en la lucha,
¡Oh soldados de la fe!
Nuestro el triunfo, ¡oh, escuchad!
Los clamores: ¡Viva el Rey!

246. ¡ALELUYA, EL ME SALVA!

1
Jesús borró ya mi maldad
Su sangre al derramar;
El quiso en mí su gran bondad
Venir a revelar.

CORO:
¡Aleluya! El me salva,
Pues en mí su amor probó;
¡Aleluya! El me salva,
Para siempre me libró.

El es mi paz, mi protección,
Mi buen Consolador;
Asilo fiel en la aflicción,
Amigo en el dolor.

3

Ningún peligro temeré
Si él conmigo está;
Ni dudas ni dolor tendré,
Pues él me guardará.

4

Jesús, tu nombre alabaré
Con todo el corazón,
Y alegre al mundo anunciaré
Tu grande salvación.

247.　　LIBRES ESTAMOS

1

Libres estamos, Dios nos absuelve,
En él confiamos, paz nos devuelve;
Vionos perdidos, nos socorrió,
Aunque enemigos, nos amó.

CORO:

El nos redime, nada tememos;
¡Verdad sublime!, no la dudemos,
Nuestra cadena Cristo rompió;
Libres de pena nos dejó.

2

Ciegos cautivos, míseros siervos,
En carne vivos, en alma muertos;
La ley trillando en cada acción,
Nunca mostrando compunción.

3

Hoy libertados, ya no pequemos;
Santificados, suyos seremos;
Sangre preciosa Cristo vertió,
Vida gloriosa nos legó.

248. DAME LA FE DE MI JESUS

1

Dame la fe de mi Jesús,
La fe bendita del Señor
Que al afligido da la paz,
La fe que salva de temor;
Fe de los santos galardón,
Gloriosa fe de salvación.

2

Dame la fe que trae poder
De los demonios vencedor;
Que fieras no podrán vencer,
Ni dominarla el opresor,
Que pueda hogueras soportar,
Premio de mártir alcanzar.

3

Dame la fe que vencerá
En todo tiempo, mi Jesús;
Dame la fe que fijará
Mi vista en tu divina cruz;
Que puede proclamar tu amor,
Tu voluntad hacer, Señor.

4

Dame la fe que da el valor,
Que ayuda al débil a triunfar,
Que todo sufre con amor,
Y puede en el dolor cantar,
Que puede el cielo escalar
O aquí con Cristo caminar.

249. EN MI MALDAD

1

En mi maldad busqué a Jesús
Y él me aceptó con grande amor,
Me dio perdón allá en la cruz,
Salud hallé por su dolor.
Cristo me dijo: «Ven a mí,
Que ya mi vida di por ti.»

2

Muy densa fue la obscuridad
Que en mi pecado me cercó,
Mas el Señor en su bondad,
Viniendo a mí así me habló:
«Yo soy la luz, yo te guiaré,
Yo tu camino alumbraré.»

3

«¿Quieres la vida sin igual
Que en abundancia a todos doy?
De vida el pan, soy al mortal,
¡Ven sin tardar, tu vida soy!»
¡Ya vengo a ti, Señor Jesús!
Dame perdón y vida y luz.

250.   AL CANSADO PEREGRINO

1

Al cansado peregrino
Que en el pecho siente fe,
El Señor ha prometido:
«Con mi brazo te guiaré,
Con mi brazo, con mi brazo,
Con mi brazo te guiaré»;
El Señor ha prometido:
«Con mi brazo te guiaré.»

2

Cuando cruel su lazo el mundo
Arrojare ante tu pie,
Te dirá Dios, tu refugio:
«Con mi brazo te guiaré,
Con mi brazo, con mi brazo,
Con mi brazo te guiaré»;
Te dirá Dios, tu refugio:
«Con mi brazo te guiaré.»

3

Si perdiste la esperanza
Como sombra que se fue,
Oye atento la promesa:
«Con mi brazo te guiaré,
Con mi brazo, con mi brazo,
Con mi brazo te guiaré.»
Oye atento la promesa:
«Con mi brazo te guiaré.»

4

Cuando mires que a tu estancia
Ya la muerte entrando esté,
Ten consuelo en las palabras:
«Con mi brazo te guiaré,
Con mi brazo, con mi brazo,
Con mi brazo te guiaré»;
Ten consuelo en las palabras:
«Con mi brazo te guiaré.»

251.   EL HIJO PRODIGO

1

Ven, ¡oh pródigo!, ven sin tardar, te llama Dios;
Oyele llamando, llamándote a ti; (a ti)
Tú que vagas errante, escucha su tierna voz,
Escucha su voz de amor, (de amor).

CORO:

‖Lla................mando por ti
(Llamando por ti . . . . . . llamando por ti)
Perdi .... do pródigo ven;‖
(Perdido pródigo ven. Ven, ¡oh pródigo!, ven).

2

Con paciencia y ternura te llaman, ven a él;
Oyele llamando, llamándote a ti, (a ti);
Mientras él te llama, ven: no seas infiel,
Escucha su voz de amor, (de amor).

De tu Padre en la casa abundancia hay de pan,
Oyele llamando, llamándote a ti, (a ti);
Ya la mesa está lista, la bienvenida dan,
Escucha su voz de amor, (de amor).

252.　　UN FIEL AMIGO HALLE

1

Un fiel amigo hallé: mi buen Jesús,
Su amor no perderé: mi buen Jesús,
Si amigos y solaz aquí no encuentro más,
Me ofrece eterna paz mi buen Jesús.

2

Dichoso yo seré, mi buen Jesús,
El sostendrá mi fe, mi buen Jesús.
El me socorrerá, su brazo cerca está,
Y gracia me dará mi buen Jesús.

3

El mundo pasará, mi buen Jesús;
El día final vendrá, mi buen Jesús;
¡Oh, qué placer sin par! Allí, mi Rey mirar,
Su gloria celebrar, mi buen Jesús.

253.　　DIVINA LUZ

1

Divina Luz, con tu esplendor benigno
Guarda mi pie;
Densa es la noche y áspero el camino;
Mi guía sé.
Harto distante de mi hogar estoy;
Que al dulce hogar de las alturas voy.

2

Amargos tiempos hubo en que tu gracia
No supliqué;

De mi valor fiando en la eficacia,
        No tuve fe.
Mas hoy deploro aquella ceguedad:
Préstame, ¡oh Luz!, tu grata claridad.
                3
Guiando tú, la noche es esplendente,
        Y cruzaré:
El valle, el monte, el risco y el torrente,
        Con firme pie;
Hasta que empiece el día a despuntar
Y entre al abrigo de mi dulce hogar.

254.   LA VOZ DE JESUS

                1
    Yo escucho, buen Jesús,
    Tu dulce voz de amor
    Que desde el árbol de la cruz
    Invita al pecador.
    Yo soy pecador,
    Nada hay bueno en mí;
    Ser objeto de tu amor
    Deseo, y vengo a ti.
                2
    Tú ofreces el perdón
    De toda iniquidad
    Si el llanto inunda el corazón
    Que acude a tu piedad.
    Yo soy pecador,
    Ten de mí piedad.
    Dame llanto de dolor
    Y borra mi maldad.
                3
    Tú ofreces aumentar
    La fe del que creyó
    Y gracia sobre gracia dar
    A quien en ti esperó.
    Creo en ti, Señor,
    Sólo espero en ti;
    Dame tu infinito amor;
    Pues basta para mí.

255. SALVADOR, MI BIEN ETERNO

1

Salvador, mi bien eterno,
Más que vida para mí:
En mi fatigosa senda
Cerca siempre te halle a ti,
||Junto a ti, junto a ti.||
En mi fatigosa senda
Cerca siempre te halle a ti.

2

No los bienes, no placeres
Ni renombre busco aquí;
En las pruebas, en desdenes,
Cerca siempre te halle a ti;
||Junto a ti, junto a ti.||
En las pruebas, en desdenes,
Cerca siempre te halle a ti.

3

Yendo por sombrío valle,
En rugiente mar hostil,
Antes y después del trance,
Cerca siempre te halle a ti;
||Junto a ti, junto a ti.||
Antes y después del trance,
Cerca siempre te halle a ti.

256. TENTADO, NO CEDAS

1

Tentado no cedas; ceder es pecar;
Mejor y más noble es luchar y triunfar;
¡Valor!, pues, cristiano, domina tu mal;
Dios puede librarte de asalto mortal.

CORO:

En Jesús, pues, confía;
En sus brazos tu alma
Hallará dulce calma,
El te hará vencedor.

Evita el pecado, procura agradar
A Dios, a quien debes por siempre ensalzar;
No manches tus labios, impúdica voz,
Preserva tu vida, de ofensas a Dios.

3

Amante, benigno y enérgico sé;
En Cristo, tu amigo, pon toda tu fe;
Veraz sea tu dicho, de Dios es tu ser;
Corona te espera, y vas a vencer.

257.   TEMPLOS DE DIOS SOIS

1

Templo de Dios sois,
Así está escrito:
Templos de su Espíritu de verdad.
¿A él le es dada
Libre entrada?
¿Franca es la puerta de tu voluntad?

CORO:

Deja entrar,
Para morar,
Al Santo Espíritu.
El ha venido
—Pacto cumplido—,
Bendito Espíritu de Dios.

2

El que perdona
Quiere limpiarte;
Toda la escoria de tu alma quitar;
Purificado,
Muerto al pecado,
El Santo Espíritu podrá entrar.

3

¡Oh! peregrino,
En el desierto,
Entra en la tierra de leche y miel;
Santificado,
De Dios llenado,
Guiado serás por su Espíritu fiel.

258. POR GRACIA ME SOSTENDRA

1

Si estoy desalentado, con penas y temor,
Con cuitas oprimido, en pruebas y en dolor,
Entonces Cristo dice, mis pruebas al mirar,
Que su sostén y ayuda jamás me faltarán.

CORO:

Por gracia Jesús me sostendrá
Y nunca me faltará;
Si en sombras yo voy y triste estoy,
Su gracia me sostendrá.

2

Cuando en la dura prueba conmigo el mundo es
    cruel,
Cuando en la ruda lucha no hallo un amigo fiel,
Entonces llega a mi alma un eco celestial,
Es el Señor que dice que ayuda me dará.

3

Cuando en mis aflicciones no puedo resistir,
Cuando a las tentaciones voy casi a sucumbir,
Entonces su socorro el Salvador me da,
Y él ha prometido conmigo siempre estar.

259. GUARDA EL CONTACTO

1

¿Quieres sobre el mundo ser un vencedor?
¿Quieres tú cantar aún cuando hay dolor?
¿Quieres ser alegre cual fiel luchador?
Guarda el contacto con el Salvador.

CORO:

Guarda el contacto con el Salvador,
Luego las tinieblas no te cubrirán;
Por la senda alegre tú caminarás,
A causa del contacto con el Salvador.

2

En el mundo hay muchos, tristes en pecar,
Cuyos corazones lloran de pesar;
Dales el mensaje, no hay que callar,
Con Dios el contacto debes de guardar.

3

¿Quieres tú con Dios la comunión tener?
¿Y su gloria siempre en ti permanecer?
¿Que el mundo a Cristo pueda en ti hoy ver?
Guarda el contacto con el Supremo Ser.

4

Deja que el Espíritu implante en ti
La humildad de Cristo y su santo amor;
Ora siempre y vela, que Jesús vendrá;
Guarda el contacto con el Salvador.

260. CREO EN LA BIBLIA

1

Creo en la Biblia, el libro redentor,
Pues de Jesu-Cristo muestra el dulce amor,
Todos mis pecados ya borrados son;
Paz y gozo tengo en mi corazón.

CORO:

Creo en la Biblia, libro de mi Dios;
Música del cielo para mí es su voz;
Muéstrame el camino y me trae dulce paz,
Hallo en la Biblia todo mi solaz.

2

Creo en la Biblia, enséñame a cantar
Cantos de victoria y de su amor sin par;
Suaves melodías tengo en mi alma hoy,
Porque redimido por la sangre estoy.

3

En la Santa Biblia encuentro santidad,
Dádiva de Cristo y su voluntad;
Todos los que buscan plena salvación
Hallarán en Cristo esta bendición.

4

Hoy la Biblia oigamos, mostrando a los demás
El amor de Cristo y su inmensa paz;
Pues la vida nuestra, libre de maldad,
Honrará el divino libro de verdad.

1

Cristo te llama a ti, pecador,
Te llama a ti con tierna voz;
Deja tus culpas y ven al Señor,
Cristo te llama a ti.

CORO:

Cristo te llama, te llama a ti,
Cristo te llama, ¡oh, ven sin tardar!
Cristo te espera a ti, pecador,
Cristo te llama a ti.

2

Deja las sendas del mundo traidor,
Ven a Jesús, te llama a ti;
Cristo te puede salvar y guardar,
Cristo te llama a ti.

3

Cristo glorioso vendrá con poder,
¿Listo estarás a ver a tu Juez?
El con su sangre te puede lavar.
Cristo te llama a ti.

4

Voz compasiva de Cristo Jesús
Te llama hoy con santo amor;
Ven a la fuente, recibe perdón,
Cristo te llama a ti.

262. EL QUE HA DE VENIR, VENDRA

1

Al rayar el alba tal vez venga Cristo
Con aclamación y con voz de arcángel;
Levanta los muertos, transforma los vivos,
A los suyos él viene a llevar.

¿Hasta cuándo? Señor Jesús,
¿Hasta cuándo vendrás?
Cristo viene, aleluya, aleluya, amén;
Aleluya, amén.

2

Quizás el vendrá cuando el día fenezca,
Quizás en la noche su gloria aparezca;
¡Valor, pues!, ¡hermanos!, y estemos de espera,
A los suyos él viene a llevar.

3

Su magnificencia y gloria veremos,
El mundo, el pecado, hermanos, dejemos,
Así, con gran gozo, le recibiremos
Cuando Cristo nos viene a llevar.

CORO:
El que ha de venir vendrá,
Y no tardará.
Viene presto, aleluya, aleluya, amén;
Aleluya, amén.

263. ¡VIENE, VIENE!

1

Un día mi Señor viene, viene
Y yo veré a mi Rey,
Con él por siempre estaré,
Jamás yo le dejaré.

CORO:
¡Viene! ¡Viene!, ¡oh día sin igual!
Vendrá en las nubes, bien lo sé,
Así vendrá tal cual se fue;
¡Viene! ¡Viene!
Ha de venir mi Rey.

2

Por su Iglesia fiel, viene, viene,
Y él la llevará

A las mansiones allá
Que él fue a preparar.

3
¿De qué más temeré?; viene, viene
Mi Salvador y Rey,
Yo a su lado iré,
Con él siempre reinaré.

4
Esta palabra es fiel, viene, viene;
¿Y si te hallas tú
Con los que quedan atrás?
¡Qué triste te sentirás!

264.   TU COSECHA, ¿CUAL SERA?

1
El día de segar vendrá
A todo hombre aquí;
Y la semilla que sembró,
Cosecha le dará.

CORO:
Lo que siembres aquí,
Segarás más allá,
Fuere bueno o fuere malo.
La cosecha vendrá,
Lo ha dicho el Señor;
La cosecha tuya, ¿cuál será?

2
Si tu semilla es carnal,
De gusto terrenal;
La tal produce corrupción
Y muerte eternal.

3
¿Por qué hoy la maldad sembrar,
Los vicios y pasión?
En esta vida hay que segar,
Y eterna perdición.

Si tu semilla es redención,
Por fe en el Señor,
La tal produce salvación
Y eternal amor.

5

No siembres a la carne hoy
Y luego esperar
Cosecha buena, porque Dios
No se deja burlar.

265. MAS ALLA EL DIA VIENE

1

Más allá...........el día viene
En que luchas............ya no habrá;
Los afanes............y cuidados
De este mundo............cesarán.

CORO:

Más allá............no habrá más llanto,
Sino notas............de loor;
Más allá............un día alegre
Que por siempre............ha de durar.

2

¿Qué será............estar con Cristo?
Escuchar............su dulce voz;
Ver su rostro............tan brillante
Y andar............de él en pos.

3

Con Jesús............por guía siempre
El camino............seguiré,
Con confianza............plena y dulce
Que al cielo............llegaré.

4

Listo estoy............por pura gracia
A escuchar............su voz de amor
Que me llama............a su lado
A vivir............en su fulgor.

266. TIRA LA SOGA

1

Por sus pecados está el pecador
Cual pobre náufrago sin salvador;
Triste es su suerte que se hunde en el mar.
Se esfuerza, se cansa, no puede ya más.

CORO:

Tira la soga —Al que se ahoga,
Antes que se hunda en el mar;
Ve su peligro —Muere sin Cristo
Y no se puede salvar.

2

Tira la soga, ¿por qué vacilar?
Pronto se pierde un alma inmortal.
Ve ya se hunde por última vez,
Asióse la soga y salvo ya es.

3

El poderoso Evangelio de Dios
Soga es al náufrago de salvación;
Cristo le puede salvar si, por fe,
Se entrega en sus brazos confiándose a él.

267. MAS CERCA DE CRISTO

1

De Cristo cada día quiero yo más cerca estar,
El es mi Rey amable, mi precioso Salvador;
No puedo en todo el mundo amigo cual Jesús
    hallar,
Quien maravillas hace y prodigios sin cesar.

CORO:

Jamás.........podrán contarme
De Cristo la mitad;
De su.........amor divino,
Su poder y majestad.

2

Ya miro cerca el día del regreso del Señor,
Y yo, con muchos santos, al encuentro sin igual,
Iremos a las nubes alabando con fervor
A Cristo el Rey glorioso, cuyo reino es eternal.

3

Y cuando estemos salvos en su reino celestial,
Jamás nos cansaremos de servir al Salvador;
¡Gozosos alzaremos nuestro cántico triunfal
Y de arpas mil los ecos subirán en su loor!

268.   CRISTO EL HIJO DEL SANTO DIOS

1

Cristo, el Hijo del santo Dios,
Hizo la salvación,
Padeciendo la muerte atroz
Por nuestra redención.
Por su sangre pura, por su muerte dura,
||Sólo Jesús, sólo Jesús hizo la salvación.||

2

¡Oh, qué gracia nos reveló!
¡Célebre Salvador!
Compasión y bondad mostró
A todo pecador.
Para los dolientes, que le son creyentes,
||Sólo Jesús, sólo Jesús hizo la salvación.||

3

Ni las lágrimas ni el dolor
Pueden la paz ganar,
Nuestro mérito es sin valor,
No nos podrá salvar.
Sin ayuda nuestra, por su propia diestra,
||Sólo Jesús, sólo Jesús hizo la salvación.||

4

Pues confiando en Cristo ya,
Nuestro es el perdón,
Nuestro Padre es Jehová,
Hijos de su adopción.
Su favor tenemos, siempre cantaremos:
||Sólo Jesús, sólo Jesús hizo la salvación.||

1

En la sangre virtuosa vertida por mí,
Señor, lávame, Señor, lávame;
De pecado te ruego me libres a mí,
Señor, lávame, Señor, lávame.
Fue triste la senda en que persistí,
Constante derrota en ella sufrí;
Por cuanto en tu grande poder no creí;
Señor, lávame, Señor, lávame.

2

De pecado que tanto pesar me causó,
Señor, límpiame, Señor, límpiame;
Con sangre preciosa que por mí fluyó,
Señor, límpiame, Señor, límpiame;
Señor, tu promesa me atrevo a creer,
Me mandas venir y me has de atender;
No más el pecado me ha de vencer;
Señor, límpiame, Señor, límpiame.

3

De pasiones que causan al alma dolor,
Señor, líbrame, Señor, líbrame;
De envidia, calumnia, enojo o rencor,
Señor, líbrame, Señor, líbrame.
Señor, aunque siento que es débil mi fe,
Confío en tu gracia y no temeré;
Tú has prometido «no te dejaré»,
Señor, líbrame, Señor, líbrame.

4

Del cuidado de lo que la gente dirá,
Señor, guárdame, Señor, guárdame;
Del temor de hablar, de cantar u orar,
Señor, guárdame, Señor guárdame.
Señor, hazme fuerte en tu amor y poder,
Que sepa el mundo que tuyo es mi ser;
Y para que pueda en todo vencer,
Señor, guárdame, Señor, guárdame.

SOLO JESUS

1

En Jesu-Cristo tan sólo
Gracia tendrás, pecador;
¡Nadie de polo a polo
Es como el Salvador!

CORO:

Sólo Jesús, sólo Jesús
Salvarte puede; ¡sí, sólo Jesús!
Sólo Jesús, sólo Jesús
Salvarte puede; ¡sí, sólo Jesús!

2

Los que en Cristo creyeron
Gozan de plena salud:
Paz y perdón recibieron;
¡Grande es su multitud!

3

¿Quieres salvar a tu alma?
¿Quieres tener el perdón?
Ven a Jesús, él te llama
Y obtendrás salvación.

4

Ana, José y María,
Todos creyeron en él:
Angeles cantan su gloria,
¡Grande es Emmanuel!

5

Pedro, Andrés y Santiago,
Leví y Lucas también;
Vienen de lejos los Magos;
Todos al Ungido creen.

6

¡Abre tu puerta cerrada!
¡Toca el buen Salvador!
El solicita entrada,
¿Cuándo será, pecador?

A LA LUCHA

1

Ya las huestes se aprestan para la batalla,
Es Jesús el capitán que a todos nos guiará,
Y con él a la cabeza no hay que vacilar,
De seguro al triunfo nos llevará.

CORO:

Yo quiero estar con Cristo en lo rudo de la lid,
Yo quiero siempre listo, valiente, combatir
Hasta que en gloria pueda verle, mi carrera al
   terminar;
Y vida eterna con él gozar.

2

Las legiones de Jesús, de triunfo en triunfo
   avanzan,
¿No las ves con qué valor combaten contra el
   mal?
¿Puedes tú quedar dormido o indiferente
Cuando otros luchan sin descansar?

3

Date prisa, no vaciles, él te necesita;
Si amas a Jesús, también a otros amarás,
Y si andan en las sendas de la iniquidad,
A los pies de Cristo los llevarás.

4

Es la mies muy grande y los obreros son muy
   pocos;
Desde hoy mi Salvador hallarme él podrá
Trabajando en Su mies en busca de las almas
Y con su poder él me sostendrá.

272. # DIOS VIVE

1

Do luzca el sol lo hay siempre;
Do moren aves lo hay;
No sigan tus lamentos;
Dios vive y sobra el ¡Ay!

CORO:

¡Vedla! ¡Vedla!
La ínsula riente de ¡Espera!
Patria del bien, mejorado Edén,
Célica primavera.

2

Prolónguense los días;
Sus faenas tienen fin;
Adquiere fuerza el alma,
Se aleja de lo ruin.

3

Se siente menos carga;
Se mira el porvenir;
Las nubes se levantan
Y todo es revivir.

4

Allí no habrá más sombra;
El rostro brillará,
Del Cordero que alumbra,
Y el sol se apagará.

273.　　　　MI PASTOR

1

Un corderito débil soy,
Mas cerca del Pastor estoy,
‖Su seno a todos da lugar,
Conmigo tú podrás estar.‖

2

Jesús se llama mi Pastor,
De quien disfruto tal amor,
‖El cuida mucho a su grey,
Pues él también es nuestro Rey.‖

3

Recuerdo yo mi perdición,
Estuve en otra condición,
‖Mas el Pastor me encontró,
Me rescató y paz me dio.‖

4

¡Oh, cuán benigno es, y ved!
En pastos verdes yo yacer,

||El agua fresca me dará,
Ninguna gracia faltará.||

5

Si pasos inciertos doy,
Me dice: «Yo contigo estoy»;
||Conoce mi camino él,
Promete serme Guía fiel.||

6

Aun cuando haya lobos mil,
El corderito en su redil,
||No teme, porque su Pastor
Los ahuyenta con valor.||

7

¿Y cómo no he de cantar?
¡Si mucho más he de gozar!
||Al cielo pronto yo iré
Y con Jesús descansaré.||

274. EN MI ALMA HAY DULCE PAZ

1

En oscuridad sin Jesús me vi,
Con mil penas y gran dolor;
Mas Jesús llamó, ven, sí, ven a mí,
Quiero ser tu Salvador.

CORO:

En mi alma hay dulce paz
Desde que vine a Jesús;
No hay noche nunca, sino paz y gozo,
Desde que vivo en su luz.

2

Por las grandes olas de la maldad
Yo llevado fui más y más;
Sin tener piloto en la tempestad
Hasta ver al buen Jesús.

3

¿En la ruda lid combatido estás,
Sin amigo y sin solaz?
¡Oh, no llores más!, sino ve la faz
De tu amigo: es Jesús.

275. POR LA SANGRE

1

Por el mundo brilla luz
Desde que murió Jesús,
Por nosotros en la cruz,
Del Calvario;
Los pecados él llevó,
De la culpa nos libró
Con la sangre que manó
Del Calvario.

CORO:

Por la sangre, por la sangre
Somos redimidos, sí,
Por la sangre carmesí:
Por la sangre, por la sangre,
Por la sangre de Jesús, del Calvario.

2

Antes todo fue temor,
Mas ahora es amor,
Porque comprendí el valor
Del Calvario.
Yo viví en perdición,
Hoy poseo salvación
Por la grande redención
Del Calvario.

3

¿Eres grande pecador?
¡He aquí tu Salvador!
Tema del predicador: El Calvario.
Salvación a cada cual
Que padece por su mal;
Dios ofrece gracia tal
Por la sangre.

276. VOY A VER A CRISTO EL REY

1

Aunque peregrino y pobre soy aquí,
Voy a ver a Cristo el Rey;
Cuando en las nubes venga él por mí,
Voy a ver a Cristo el Rey.

CORO:

Voy a ver a Cristo el Rey
Y sus glorias cantaré;
Cuando al cielo allá a los suyos llamará,
Voy a ver a Cristo el Rey.

2

Tras angustia y pena y tras cruel dolor,
Voy a ver a Cristo el Rey.
Perdurable gozo me dará el Señor, Voy, etc.

3

Tras las duras luchas que aquí tendré, etc.
Cuando mi carrera acabado habré, etc.

4

Con los redimidos que se fueron ya, etc.
Lágrimas y llanto nunca más habrá, etc.

277. LA PALABRA DIVINA

1

Anhelo yo oír la voz
De mi buen Salvador;
Sus dichos un banquete son,
Mi verdadera luz;
Cual el maná, a mi alma dan
Dulzura y sostén,
Consuelo, paz, recibo aquí
Del Maestro de Belén.

CORO:

¡Tus palabras, oh Jesús!
¡Tus palabras vida son!
Me enseñan, alumbran,
Me traen la luz
Las palabras de Jesús.

2

Sí, las Palabras de Jesús
Infunden fuerza y fe;
Alejan de mi corazón
Las dudas, yo lo sé;
La mansedumbre es de él,
Con él aprenderé;
Y en la gloria su amor
Siempre alabaré.

3

En todo tiempo mi Jesús
Palabras me tendrá;
En pruebas ellas son mi bien;
Su voz me alentará;
En ellas mi alma tiene paz.
¿Quién la podrá turbar?
Jesús me ofrece un festín,
Sin más por desear.

4

Lugar no hay, no lo habrá,
En este mundo, no,
En que el alma goce paz,
Si esto olvidó;
Pues su Palabra fuente es
De toda bendición
Y medio sólo del Señor
Para la salvación.

278.   AMOROSO SALVADOR

1

Amoroso Salvador,
Sin igual es tu bondad,
Eres tú mi mediador,
Mi perfecta santidad.

2

Mi contrito corazón
Te confiesa su maldad;
Pide al Padre mi perdón
Por tu santa caridad.

3

Te contemplo sin cesar
En tu trono desde aquí;
¡Oh!, cuán grato es meditar
Que intercedes tú por mí.

4

¡Fuente tú de compasión!
Siempre a ti te doy loor;
Siendo grato al corazón
Ensalzarte, ¡mi Señor!

1

¿Te desvías por el mar, donde puedes naufragar,
Te desvías lentamente más y más?
La marea llevará tu barquilla más allá;
¿Te desvías lentamente más y más?

CORO:

¿Te desvías más, más y más,
En el proceloso mar te desvías más;
Del cariño paternal, a la muerte tan fatal,
Te desvías lentamente más y más?

2

Esos faros al brillar, tu peligro harán notar,
¿Te desvías lentamente más y más?
De la barra más allá tu barquilla pasará,
¿Te desvías lentamente más y más?

3

Esas voces del hogar, ya se cansan de llamar,
«¿Te desvías lentamente más y más?»
¡Oh hermano, oye ya! Esa voz te salvará
Antes que desviado seas más y más.

4

¿No oyes a Jesús llamar? Que te dice que en
desviar
Hay peligro, gran peligro más y más;
Si persistes en vagar, él no te podrá salvar
y la muerte se acerca más y más.

280. JESUS, YO TE AMO

1

Jesús, yo te amo y tuyo seré
Por ti los placeres del mundo dejé;
Pues tú me redimes, me das salvación,
Borrando mis culpas me diste perdón.

Primero me amaste y diste por mí
De sangre precioso raudal carmesí;
Con ella pagaste mi gran transgresión,
Borrando mis culpas me diste perdón.

3

En bellas mansiones, celestes, sin par,
Tus glorias eternas yo he de cantar;
Tu gracia bendita será mi canción,
Borrando mis culpas me diste perdón.

281. ¡SE UN HEROE!

1

De la vida en el turbión, ¡Sé un héroe!
En tu angustia y confusión, ¡Sé un héroe!
Alza intrépido el pendón, Y con noble majestad
Lucha en pro de la verdad, ¡Sé un héroe!

CORO:

¡Sé un héroe! Ten confianza en el Señor,
¡Sé un héroe! El te ampara bienhechor;
Id soldados a pelear, con indómito valor,
Hasta el triunfo conquistar, ¡Sé un héroe!

2

Hay contrarios por doquier, ¡Sé un héroe!
Mas con Cristo ¿a qué temer? ¡Sé un héroe!
Batallando sin ceder, entre luz y oscuridad,
Lucha fiel por la verdad, ¡Sé un héroe!

3

Si a tu hermano ves caer, ¡Sé un héroe!
Vive presto al bien hacer, ¡Sé un héroe!
Por Jesús es tu deber, su palabra proclamar,
Sus bondades alabar, ¡Sé un héroe!

282. LA GRACIA

1

La gracia de Dios revelada
En Cristo Jesús, mi Señor,
Al mundo perdido presenta
De Dios su infinito favor.

CORO:

Gracia, gracia, me basta la gracia de Dios-Jesús;
Gracia, gracia, yo miro su gracia en Jesús.

2

La gracia de Dios es más dulce
Que cosas terrestres aquí;
En su voluntad es mi goce,
En pruebas su gracia en mí.

3

Más alta que cosa celeste,
Más hondo que profundo mar
La fuente perenne de balde
Ya fluye, la debes probar.

4

¡Oh, ven, gusta hoy de su gracia!
Sí, ven, pronto tú la tendrás;
No hay fin de su eficacia,
En ella tú descansarás.

283.   EN LA MAÑANA

1

En el mundo la Iglesia
Peregrina ha de estar;
Anhelante ella espera
Su feliz, eterno hogar.

CORO:

Nos veremos,   nos veremos
   pronto en gloria,   pronto en gloria,
Nos veremos en la tierra más allá;
Nos veremos,   nos veremos
   pronto en gloria,   pronto en gloria,
Junto al río cristalino más allá.

2

Nada aquí es permanente,
Todo ha de terminar;
Mas miramos adelante,
En el cielo nuestro hogar.

3

Las familias en la tierra
Se desunen al morir;
Mas esperan la mañana
En que se han de reunir.

4

Con Jesús cual unos reyes
Pronto habremos de estar;
Juntos, miles de millares,
Con Jesús para morar.

284. SIGUE ORANDO

1

¿De pesar estás rodeado?
¿Tienes pruebas en verdad?
¿De sufrir estás cansado,
Ves que viene tempestad?

CORO:
Sigue orando, sigue orando
Aunque ruja tempestad:
El Señor está velando,
Te dará tranquilidad.

2

En las penas, en el duelo
Que tu alma sufrirá,
En Jesús tendrás consuelo,
El tus penas calmará.

3

Al Señor tu voz eleva,
Vé a Dios con gran fervor,
El de penas te releva
Y mitiga tu dolor.

4

¿Tarda Dios en contestarte?
Sigue orando sin cesar;
Pronto ayuda puede darte
Tu oración al contestar.

285. ALLI QUIERO IR, ¿Y TU?

1

Me dicen que hay una bella ciudad.
Allí quiero ir, ¿y tú?
En donde es eterna la felicidad,
Allí quiero ir, ¿y tú?
Jesús las mansiones nos fue a preparar,
Allí quiero ir, ¿y tú?
A donde la muerte no puede llegar,

CORO:

||:Allí quiero ir, allí quiero ir,
Allí quiero ir, ¿y tú?:||

2

De perlas sus puertas, su mar de cristal,
Allí quiero ir, ¿y tú?
Es Cristo la luz del país celestial,
Allí quiero ir, ¿y tú?
Allí los que moran jamás morirán,
Allí quiero ir, ¿y tú?
En donde terminan congojas y afán.
Allí quiero ir, ¿y tú?

3

Y cuando navegue la Nave de Sion,
Allí quiero ir, ¿y tú?
Al darse a la vela para esa mansión,
Allí quiero ir, ¿y tú?
Y cuando coronen a Cristo también,
Allí quiero ir: ¿y tú?
Y cuando los coros pronuncien: ¡Amén!
Allí quiero ir, ¿y tú?

286. SAGRADO ES EL AMOR

1

Sagrado es el amor
Que nos ha unido aquí
A los que creemos del Señor
La voz que llama a sí.

2

A nuestro Padre Dios
Roguemos con fervor,
Alúmbrenos la misma luz,
Nos una el mismo amor.

3

Nos vamos a ausentar,
Mas nuestra firme unión
Jamás podráse quebrantar
Por la separación.

4

Un día en la eternidad
Nos hemos de reunir,
Que Dios nos lo conceda hará
El férvido pedir.

287. CRISTO ES EL TODO

1

Es Jesu-Cristo mi todo, grato es cantar su loor,
¡Oh cuán sublime e infinito es su divino amor!
Cuando me vio errabundo, cual hijo pródigo,
Vino a buscar y a salvarme, a su redil me llevó.

CORO:

Cristo,　　　Cristo,
(Cristo, tú eres mi Salvador),
Tú eres mi Salvador
　　(sí, mi Salvador);
Cristo,　　　Cristo,
(Tuyo seré tan sólo, Señor),
Tuyo seré, Señor
　　(Tuyo seré);
Te seguiré donde quieras, si tú guiando vas,
Y al terminar mi carrera, en gloria veré tu faz.

2

Cristo es el lirio del valle, la rosa es de Sarón,
Cristo es el astro esplendente, la roca de
　　　salvación;
El es la fuente de vida y gozo eternal,
Ya satisfizo mi alma con el maná celestial.

Cristo nació en un pesebre, la amarga copa bebió,
Cual inocente cordero, en el Calvario murió;
Resucitó de la tumba y al cielo ascendió,
Mas pronto viene en gloria, esta promesa nos dio.

288. UNOS SI, OTROS NO

1

Francas las puertas encontrarán,
Unos sí, otros no;
De alguien las glorias sin fin serán;
||¿Y tú? ¿Y yo?||
Calles de oro, mar de cristal,
Pleno reposo, perfecto amor;
Unos tendrán celestial hogar;
||¿Y tú? ¿Y yo?||

2

Fieles discípulos de Jesús,
Unos sí, otros no;
Logran corona en vez de cruz;
||¿Y tú? ¿Y yo?||
Mora el Rey en gloriosa luz,
Con él no puede haber dolor;
De alguien es esta beatitud;
||¿Y tú? ¿Y yo?||

3

Llegan a tiempo, pasando bien,
Unos sí, otros no;
Estos las puertas cerradas ven;
||¿Y tú? ¿Y yo?||
Ciegos y sordos hoy nada creen;
Tarde lamentarán tal error;
Al que desdeñan será su juez;
||¿Y tú? ¿Y yo?||

4

Son herederos del porvenir,
Unos sí, otros no;
Los que procuran por Dios vivir;

||¿Y tú? ¿Y yo?||
Cuando concluya la dura lid,
En compañía del Salvador,
Alguien será sin cesar feliz;
||¿Y tú? ¿Y yo?||

289.   MI REY Y MI AMIGO

1

Jesús es mi Rey soberano,
Mi gozo es cantar su loor;
Es Rey y me ve cual hermano,
Es Rey y me imparte su amor,
Dejando su trono de gloria,
Me vino a sacar de la escoria,
¡Y yo soy feliz, y yo soy feliz con él!

2

Jesús es mi Amigo anhelado,
Y en sombras o en luz siempre va
Paciente y humilde a mi lado,
Su ayuda y consuelo me da;
Por eso constante lo sigo,
Porque él es mi Rey y mi Amigo,
¡Y yo soy feliz, y yo soy feliz con él!

3

Señor, ¿qué pudiera yo darte
Por tanta bondad para mí?
¿Me basta servirte y amarte?
¿Es todo entregarme yo a ti?
Entonces, acepta mi vida,
Que a ti sólo queda rendida
¡Pues yo soy feliz, pues yo soy feliz por ti!

290.   SOLO CRISTO

1

Yo hallé un fiel amigo para siempre,
Más que hermano, padre o madre es él;
Más que plata, o que oro, o que cobre,
Es de todos Jesu-Cristo el más fiel.

CORO:

||Sólo Cristo,   Sólo Cristo,
    Sólo Cristo,   Sólo Cristo
Es el lirio de los valles, mi Jesús.||

2

De Sarón él es la Rosa tan fragante,
Y del valle el Lirio puro es él;
En el alma quebrantada y tan triste
Sus olores de amor exhala él.

3

Es Jesús benigno, tierno, compasivo,
Lento en ira, grande en perdonar;
El levanta con amor al abatido,
Sólo sabe Jesu-Cristo cómo amar.

291.   HOGAR CELESTIAL

1

Venid, pecadores, que Dios por su amor,
Al cielo nos llama, que es patria mejor;
Do nunca la aurora perdió su fulgor;
Do brilla la gloria del Dios Creador.
¡Oh, sí, venid, venid!
Al cielo nos llama, que es patria mejor.

2

Dejemos, hermanos, aparte el dolor;
Que arriba en los cielos el mundo cantor,
De espíritus puros, proclaman Señor
A Cristo—Dios—Hombre, el gran Redentor.
¡Oh, sí, venid, venid!
Allí son eternos la paz y el amor.

3

Trabajas y sufres aquí, pecador;
El pan que tú comes tendrás con sudor:
Mas Dios te reserva por suerte mejor
Primicias celestes de eterno valor.
¡Oh sí, venid, venid!
El cielo es del alma la patria mejor.

292. EL ME SOSTENDRA

1

Si la fe me abandonare,
El me sostendrá;
Y si el mal me amenazare,
El me sostendrá.

CORO:
El me sostendrá, él me sostendrá:
Mi Jesús que tanto me ama,
El me sostendrá.

2

Nunca yo podré ser firme
Con tan débil fe;
Mas él puede dirigirme,
Y él me sostendrá.

3

Son su gozo y complacencia,
Cuántos El salvó,
Y al salvarme su clemencia,
El me sostendrá.

4

El no quiso ver perdida
Mi alma en la maldad:
Dio su sangre por mi vida,
Y él me sostendrá.

293. PON TU CARGA EN JESUS

1

En Jesu-Cristo confía no más,
Pon tu carga en Jesús;
Paz y socorro de él obtendrás,
Pon tu carga en Jesús.

CORO:
Pon tu carga en Jesús
Y dile tu cruel dolor;
En Cristo tu Amigo
Tendrás un abrigo...
¡Oh, pon tu carga en Jesús!

2

Paz redentora tu alma tendrá, etc.
De inquietudes te libertará, etc.

3

De los conflictos no huyas jamás, etc.
En el desierto no busques la paz, etc.

4

¿Males te asaltan doquier, pecador?, etc.
¿Vas ya cansado de pena y dolor?, etc.

5

Cristo podrá disipar tu temor, etc.
A los devotos les da gran valor, etc.

294. HAY UN CANTO NUEVO EN MI SER

1

Hay un canto nuevo en mi ser,
Es la voz de mi Jesús,
Que me dice: «Ven a descansar,
Tu paz conquisté en la cruz.»

CORO:

Cristo, Cristo, Cristo,
Nombre sin igual;
Llena siempre mi alma
De esa nota celestial.

2

Náufrago en pecado me encontré,
Sin paz en mi corazón;
Mas en Cristo mi Señor hallé
Dulce paz y protección.

3

Tengo de su gracia celestial,
Bajo sus alas de amor,
Riquezas que fluyen a raudal
Desde el trono del Señor.

4

Por las aguas hondas me llevó,
Pruebas en mi senda hallé,
Por áspero sendero me guió;
Mas sus huellas seguiré.

Cristo en las nubes volverá,
Bajo el bello cielo azul,
El entonces mi alma llevará
A vivir en gloria y luz.

295. JESUS PRONTO VOLVERA

1

Jesús pronto volverá
Al mundo en gran poder;
Promesa nos dio, él regresará;
Sí, viene el Salvador.
Señales abundan hoy,
Cumpliéndose ya están,
Por su gracia listo estoy,
Le espero sin más afán.

CORO:

Muy pronto Jesús vendrá,
El viene —no tardará;
El ha de venir, él descenderá
Del cielo, el Rey vendrá.
Despiértate, pecador,
El tiempo es corto ya,
Viene pronto el Salvador,
No sabes cuando será.

2

Cuando Cristo volverá,
El pueblo que le amó
No más sufrirá, al cielo irá,
Pues Cristo ya le salvó.
Mas el que rechaza aquí
A Cristo y su amor,
Sufrirá por siempre allí
Tinieblas y gran dolor.

3

Del norte, del sur vendrán,
De China, del Africa,
Los blancos también, sí, miles vendrán,
Rodeando la mesa allá,
Con Cristo se gozarán
Las bodas al celebrar,
Y jamás se cansarán
De aquel tan feliz hogar.

296. COMPRADO CON SANGRE POR CRISTO

1

Comprado con sangre por Cristo,
Con gozo al cielo yo voy;
Librado por gracia infinita,
Ya sé que su hijo yo soy.

CORO:
Lo sé..............Lo sé,
Comprado con sangre yo soy;
Lo sé..............Lo sé,
Con Cristo al cielo yo voy.

2

Soy libre de pena y culpa,
Su gozo él me hace sentir;
El llena de gracia mi alma,
Con él es tan dulce vivir.

3

En Cristo yo siempre medito
Y nunca le puedo olvidar;
Callar sus favores no quiero,
Voy siempre a Jesús alabar.

4

Seguro sé que la belleza
Del gran Rey yo voy a mirar;
Ahora me guarda y me guía,
Y siempre me quiere ayudar.

Yo sé que me espera corona,
La cual a los fieles dará,
Jesús Salvador; en el cielo,
Mi alma con él estará.

297. ¡OH, SI, QUIERO VERLE!

1

Voy feliz al dulce hogar, por fe en Jesús,
Y luchando a traer almas a la luz;
Dardos encendidos mil vienen contra mí,
Mas yo sé, por la fe, venceré aquí.

CORO:

¡Oh, sí, quiero verle, ver al Salvador,
Quiero ver su rostro lleno de amor!
En aquel gran día yo he de cantar,
Ya pasó todo afán, todo mi pesar.

2

En las olas del turbión Cristo guardará
Mi barquilla y guiará hasta el puerto allá;
Yo tranquilo puedo estar, mi piloto es él,
Es mi Rey, tengo fe, sé que él es fiel.

3

En servir al Salvador por los valles voy,
Donde muchas sombras hay, más seguro estoy;
Muchos triunfos obtendré, nunca faltará
Mi Jesús, es la luz, él me sostendrá.

298. ESTAD POR CRISTO FIRMES

1

¡Estad por Cristo firmes,
Soldados de la cruz!
Alzad hoy la bandera
En nombre de Jesús.
Es nuestra la victoria

Con él por capitán,
Por él serán vencidas
Las huestes de Satán.

CORO:

Estad..................hoy firmes,
Soldados de la Cruz,
Alzad hoy la bandera,
Alzadla, en nombre de Jesús.

2
¡Estad por Cristo firmes!
Os llama a la lid;
¡Con él, pues, a la lucha,
Soldados todos, id!
Probad que sois valientes
Luchando contra el mal;
Es fuerte el enemigo,
Mas Cristo es sin igual.

3
¡Estad por Cristo firmes!
Las fuerzas son de él;
El brazo de los hombres
Es débil y es infiel.
Vestíos la armadura,
Velad en oración,
Deberes y peligros
Demandan gran tesón.

299. CRISTO, TU SANTO AMOR

1
Cristo, tu santo amor
Diste a mí,
Nada a ti, Señor,
Te niego aquí.
Me postro en gratitud,
Cumplo con prontitud,
Me obliga tu actitud,
Me rindo a ti.

2

Ante el trono estoy,
Ruegas por mí,
Cristo, al Padre voy,
Sólo por ti.
La cruz podré llevar,
Tu amor ya proclamar,
Un canto dulce alzar,
Algo por ti.

3

Un corazón de amor
Quiero, Jesús,
Como el tuyo, Señor,
Lleno de luz.
A ti poder servir,
El tiempo redimir,
Las almas dirigir,
Algo por ti.

4

Lo que yo tengo y soy,
Por tu favor,
Alegre o triste voy,
Tuyo, Señor.
Tu rostro yo veré,
Contigo estaré
Y siempre yo seré
Algo por ti.

300. ID A LA MIES

1

¡A los campos a segar, vedlos blancos, blancos
    ya!
¡Idos allá!............¡Idos allá!
¡Todo el día trabajad, sólo de Jesús hablad,
Id a la mies, id, predicad!

CORO:
¡Id a la mies! ¡Id a la mies!
¡Id a la mies! ¡Id a la mies!
El amor del Salvador os compele a la labor,
Sin demorar, Id con valor.

2
En el valle, monte o mar el Señor os manda ya
A cosechar, ¡Idos allá!
La cosecha almas son que Jesús quiere salvar,
Idos allá a cosechar.

3
Cantaremos con fervor el amor del Salvador,
El nos mandó a su labor,
Pronto llegará el fin, sonará el gran clarín
El nos dará vida sin fin.

301. OIGO LA VOZ DEL BUEN PASTOR

1
Oigo la voz del Buen Pastor
En espantosa soledad;
Llama al cordero que, en temor,
Vaga en la densa obscuridad.
CORO:
Llama aún con bondad,
Quiere darte libertad;
Ven a mí con amor,
Dice Cristo el Salvador.

2
¿Quién ayudar quiere a Jesús,
A los perdidos a buscar?
Difunda por doquier la luz
Del Evangelio a predicar.

3
Triste desierto el mundo es,
Rodeado de peligros mil;
Ven, dice Cristo, a la mies,
Trae mis ovejas al redil.

1

¡Camaradas!, en los cielos
Ved la enseña ya;
Hay refuerzos; nuestro el triunfo,
No dudéis, será.
«¡Estad firmes; yo voy pronto!»
Clama el Salvador.
Sí, estaremos por tu gracia
Firmes con vigor.

2

Nada importa nos asedien,
Con rugiente afán,
Las legiones aguerridas
Que ordenó Satán.
No os arredre su coraje;
Ved en derredor
Cómo caen los valientes
Casi sin valor.

3

Tremolando se divisa
El marcial pendón,
Y se escucha de las trompas
El guerrero son.
En el nombre del que viene
Fuerte Capitán,
Rotos nuestros enemigos
Todos quedarán.

4

Sin descanso ruda sigue
La furiosa lid;
¡Sus amigos!, ya cercano
Ved nuestro Adalid;
Viene el Cristo con potencia
A salvar su grey;
Camaradas, ¡Alegría!
¡Viva nuestro Rey!

1

De la Iglesia el fundamento
Es Jesús el Salvador;
Por el agua y la palabra
Le dio vida su Señor:
Para hacerla esposa quiso
De los cielos descender,
Y su sangre por limpiarla
En la horrible cruz verter.

2

De entre todas las naciones
Escogida en variedad,
A través de las edades
Se presenta en unidad;
Y los títulos que ostenta
Son: tener sólo un Señor,
Una fe y un nacimiento,
Un constante y puro amor.

3

Sólo un nombre ella bendice,
Participa de un manjar,
La consuela una esperanza
Y en la cruz tiene su altar;
Por el celo que la anima
De las almas corre en pos
Y ambiciona por la gracia
Conducirlas hasta Dios.

4

Aunque el mundo, combatida
Del error por el vaivén
Y de cismas desgarrada,
La contemple con desdén;
En vigilia están los santos
Y jamás cesan de orar:
Lo que es hoy tristeza, pronto
Será júbilo y cantar.

5

A través de sufrimientos
Y fatigas y dolor,
El glorioso día espera

En que vuelva su Señor.
Consumada y plena entonces
Su carrera y su salud,
Entrará libre y triunfante
En la eterna beatitud.

304. JERUSALEN CELESTE

1

Jerusalén celeste, Visión de paz dichosa,
De Cristo santa esposa, Radiante de esplendor,
Tu fábrica es divina, Son vivos tus sillares,
Y de ángeles millares, Te ciñen en redor.

2

Ciudad del Rey eterno, De perlas son tus puertas,
Continuamente abiertas Al mísero mortal;
Y en tu recinto moran Los que por fe se elevan,
Y el sello augusto llevan Del Verbo celestial.

3

Felices moradores, En ti perenne canto,
Profieren al Dios santos, Que de ellos se apiadó;
Y honor y gloria entonan Al ínclito Cordero
Que, amante en el madero, Por ellos se inmoló.

4

Al mismo Cristo amamos y al mismo Dios servimos
Los que por fe vivimos, Ansiando a ti volar;
Y pronto gozaremos, Pasando tus umbrales,
Las dichas eternales Del suspirado hogar.

305. LLEGAREMOS AL HOGAR

1

Llegaremos al hogar
Que Jesús preparó,
Donde irán a descansar
Los que aquí redimió.
Llamaremos sin temor
Y a la puerta él estará;

Con ternura y con amor
Bienvenida dará.

CORO:

¡Un hogar Dios nos da
Y en su seno el alma fiel
Sin temor vivirá!

2

Vuestro hogar aquí no está,
Cuanto veis en redor
A la nada volverá
A la voz del Señor.
Este mundo de maldad,
Con su fausto y su placer,
Con su orgullo y vanidad,
Lo veréis perecer.

3

No lloréis por el que fue
Con Jesús a vivir,
Esperad teniendo fe,
Pronto a él vais a ir.
Junto al trono de Jesús
A los vuestros hallaréis
Y viviendo en gracia y luz
¡Nunca «adiós» les diréis!

306. JUBILOSAS NUESTRAS VOCES

1

Jubilosas nuestras voces
Elevemos con fervor
Para dar la bienvenida
A los siervos del Señor.

CORO:

¡Bienvenidos! ¡Bienvenidos!
Adalides de Jehová;
Parabienes no fingidos
La congregación os da.

Bienvenidos los campeones
De la fe y la verdad,
A quien nuestros corazones
Hoy les brindan su amistad.

3

Bienvenidos los soldados
De las huestes de Jesús,
Los que luchan denodados
Por el triunfo de la luz.

4

Uno sólo es nuestro anhelo,
Trabajemos con tesón
Por hacer que el Rey del cielo
Reine en cada corazón.

307.　　¡GLORIOSA PAZ!

1

Vine a Cristo Jesús y encontré
Gloriosa paz, perfecta paz;
Aunque las olas azoten mi ser, tengo dulce paz.

CORO:

¡Paz, paz, gloriosa paz!
¡Paz, paz, perfecta paz!
Desde que Cristo mi alma salvó,
Tengo dulce paz.

2

Paz insondable cual es el mar,
Gloriosa paz, perfecta paz;
Puedo en el seno de Dios reposar, tengo dulce paz.

3

Paz inefable, de Dios rico don,
Gloriosa paz, perfecta paz;
Infunde aliento en mi corazón, tengo dulce paz.

4

En los conflictos con el tentador,
Gloriosa paz, perfecta paz;
Cristo amante me hará vencedor, tengo dulce paz.

308. LA CRUZ DE JESUS

1

En el monte Calvario estaba una cruz,
Emblema de afrenta y dolor;
Mas yo amo esa cruz do murió mi Jesús
Por salvar al más vil pecador.

CORO:

¡Oh!, yo siempre amaré esa cruz:
En sus triunfos mi gloria será;
Y algún día, en vez de una cruz,
Mi corona Jesús me dará.

2

Y aunque el mundo desprecie la cruz de Jesús,
Para mí tiene suma atracción;
Pues en ella llevó el Cordero de Dios
De mi alma la condenación.

3

En la cruz de Jesús do su sangre vertió,
Hermosura contemplo sin par;
Pues en ella triunfante a la muerte venció,
Y mi ser puede santificar.

4

Yo seré siempre fiel a la cruz de Jesús,
Sus desprecios con él llevaré,
Y algún día feliz con los santos en luz
Para siempre su gloria veré.

309. VEN A CRISTO

1

Mientras oro y mientras ruego,
Mientras sientes convicción,
Mientras Dios derrama el fuego,
Ven, amigo, a Cristo, ven.

CORO:

Ven a él,...............Ven a él,
Dale hoy tu corazón;

Ven a él,.................Ven a él,
Dale hoy tu corazón.

2
Has vagado en este mundo
Sin tranquilidad, sin paz,
Vuelve a Dios y en él confiando
Salvo y feliz serás.

3
Si en tu vida has fracasado
Y tu alma triste está,
Cree en Cristo y tu pecado
Hoy él mismo borrará.

4
Ven a Cristo, él te espera,
No te tardes, pecador;
En sus brazos él quisiera
Recibirte con amor.

310.   UNIDOS EN CRISTO

1
Falanges cristianas, al frente avanzad,
Batid con denuedo las hordas del mal;
El santo evangelio con fe proclamad,
De paz y justicia, de amor y verdad.

CORO:
Rescatad las almas que vagando van,
Sin Dios ni esperanza, presas de Satán.

2
Contemplad, cristianos, esa agitación
De la vida humana sin un Salvador;
Turbas irredentas, en gran confusión,
Gimen bajo el yugo férreo del error.

3
La iglesia cristiana sólo un cuerpo es;
Una fe, un bautismo, un solo Señor,
Y debe el mensaje del mundo a través
Llevar sin prejuicios, unida en amor.

A nuestra plegaria huye el tentador,
El averno tiembla, lleno de pavor;
¡Gloria a Dios!, hermanos, ¡Load al Señor!
Nuestra es la victoria, no haya más temor.

311. YO SE QUE CRISTO ME AMA

1

De tal manera mi Jesús me amó
Que al mundo descendió,
Por mis pecados y culpas murió,
Tan grande fue su amor.

CORO:
Yo sé que Cristo me ama
Con profundo amor,
Yo también quiero amarle
Con sincero amor.

2

Yo despreciaba su gracia y bondad
Viviendo en perdición,
Mas con ternura y paciencia Jesús
Vino a mi corazón.

3

Dicha indecible y consuelo sin par
Encuentro yo en él;
Es mi delicia su nombre alabar
Y en todo serle fiel.

4

Ya es mi anhelo vivir por Jesús
Y hacer su voluntad;
El me conduce por sendas de luz,
Reposo a mi alma da.

312. LA PAZ QUE CRISTO DA

1

¿Has hallado la paz de Jesucristo?
¿Permaneces en la verdadera Vid?
¿Tienes gozo cual nunca da el mundo?
¿Eres siempre victorioso en la lid?

¿Has hallado la paz de Jesucristo?
¿Permaneces en la verdadera Vid?
Tu confianza en Cristo pon en el sitio de
    oración,
La victoria te asegura en la lid.

2

¿Tienes la fe que nunca, nunca falta
Cuando ruge en derredor la tempestad?
¿Eres tú victorioso en tus conflictos
Cuando el tentador te quiere asaltar?

3

¿Andas tú con Jesús en esta vida,
En la hermosura de la santidad?
¿Gozas tú las riquezas de su gracia,
Dando loor a la divina Trinidad?

4

Hay lugar para ti en su presencia,
Donde puedes su belleza contemplar,
Al que ande en la luz ha prometido
Darle su Espíritu Consolador.

313.   ABRE MIS OJOS A LA LUZ

1

Abre mis ojos a la luz,
Tu rostro quiero ver, Jesús;
Pon en mi corazón tu bondad
Y dame paz y santidad.
Humildemente acudo a ti,
Porque tu tierna voz oí;
Mi guía sé, Espíritu Consolador.

2

Abre mi oído a tu verdad,
Yo quiero oír con claridad
Bellas palabras de dulce amor,
¡Oh mi bendito Salvador!
Consagro a ti mi frágil ser,
Tu voluntad yo quiero hacer,
Llena mi ser, Espíritu Consolador.

3

Abre mis labios para hablar
Y a todo el mundo proclamar

Que tú viniste a rescatar
Al más perdido pecador.
La mies es mucha, ¡oh Señor!,
Obreros faltan de valor;
Heme aquí, Espíritu Consolador.

4

Abre mi mente para ver
Más de tu amor y gran poder;
Dame tu gracia para triunfar
Y hazme en la lucha vencedor.
Sé tú mi escondedero fiel
Y aumenta mi valor y fe;
Mi mano ten, Espíritu Consolador.

5

Abre las puertas que al entrar
En el palacio celestial
Pueda tu dulce faz contemplar
Por toda la eternidad.
Y cuando en tu presencia esté,
Tu santo nombre alabaré;
Mora en mí, Espíritu Consolador.

314.   ES EL TIEMPO DE LA SIEGA

1

Es el tiempo de la siega y tú sin vacilar,
Declarando con holgura «no hay que trabajar»,
Mientras tanto que el Maestro te vuelve a llamar:
«Joven, joven, ven trabaja ya.»

CORO:

Ven y ve los campos blancos cómo están
Aguardando manos que los segarán;
Joven, ¡despierta! Hazlo pronto y alerta,
Sé el primero en decirle: «Heme aquí, Señor.»
Por doquier se inclina la madura mies
Que las auras mueven, y ¡qué bella es!
Joven, ¡despierta!, hazlo pronto y alerta,
Pocos días hay que restan para el segador.

Las gavillas que recojas, joyas de esplendor,
Brillarán en la corona que dará el Señor.
Busca pronto eternas joyas, Dios es premiador.
Joven, joven, ven, trabaja ya.

3

Va pasando la mañana y nunca volverá,
Pronto el tiempo de la siega aquí terminará,
Te hallarás al fin vacío ante tu Creador.
Joven, joven, ven, trabaja ya.

315. A LA SIEGA ACUDID

1

Somos obreros del Señor,
La mies segamos con amor,
Las nuevas damos de la salvación
De Cristo al pecador;
Hoy trabajamos por amor
A Cristo nuestro Salvador,
Que por nosotros vida dio
En el Calvario do murió.

CORO:

A la siega acudid,
El Maestro os llama,
Todos deben trabajar
Tarde y mañana.
Corre el tiempo y jamás,
Nunca, hermanos, volverá;
¡Ven, obrero! Ven, trabaja ya.

2

El evangelio predicad
A todo el mundo sin cesar,
Y sin temor y con lealtad
Hoy su bandera levantad;
En nuestras manos él confió
Esta gran comisión de amor;
Las nuevas dad, no vaciléis,
Que la victoria obtendréis.

Horas y días pasarán,
El tiempo nunca volverá;
Si no predicas a Jesús,
Muchos jamás verán la luz;
Hoy es el día de salvación,
El mundo pereciendo está,
¡Oh!, no desprecies el honor
Que Jesucristo hoy te da.

316. ALZA TU CANTO, ¡OH LENGUA MIA!

1

Al cielo vuelen los ecos santos
Que arranco alegre de mi laúd;
Al cielo vuelen mis dulces cantos,
Mis dulces cantos de gratitud.

CORO:

¡Alza tu canto, oh lengua mía!
¡Alza tu canto mi corazón!
Llénese el alma de alegría,
Con alegría de devoción.

2

Ya siento el fuego de los amores,
De los amores del grato Edén;
Ya no me acosan aquí dolores,
Porque contemplo a Jerusalén.

3

Padre, en tu regia, santa morada,
Donde la dicha no tiene fin,
Allí mi patria miro esmaltada
De bellas flores de tu jardín.

4

Oh Padre, impárteme tu consuelo;
Nada en la tierra yo espero ya;
Y haz que pueda entrar al cielo,
Que allí tan sólo mi dicha está.

¡DESPERTAD!

1

¡Despertad, despertad, oh cristianos!
Vuestro sueño funesto dejad,
Que el cruel enemigo os acecha
Y cautivos os quiere llevar.
Despertad, las tinieblas pasaron,
De la noche no sois hijos ya,
Que lo sois de la luz y del día
Y tenéis el deber de luchar.

2

Despertad y bruñid vuestras armas,
Vuestros lomos ceñid de verdad
Y calzad vuestros pies, aprestados,
Con el grato Evangelio de paz.
Basta ya de profundas tinieblas,
Basta ya de pereza mortal;
Revestid, revestid vuestro pecho
Con la cota de fe y caridad.

3

La gloriosa armadura de Cristo
Acudid con anhelo a tomar,
Confiando que el dardo enemigo
No la puede romper ni pasar.
¡Oh cristianos, antorcha del mundo!
De esperanza el yelmo tomad,
Embrazad de la fe el escudo
Y sin miedo corred a luchar.

4

No temáis, pues, de Dios revestidos,
¿Qué enemigo venceros podrá
Si tomáis por espada la Biblia,
La Palabra del Dios de verdad?
En la cruz hallaréis la bandera,
En Jesús hallaréis Capitán,
En el cielo obtendréis la corona,
¡A luchar, a luchar, a luchar!

318. EL CANTO DEL PEREGRINO

1

Soy peregrino en la tierra,
Lejos ando de mi hogar;
Mi alma con ansia espera
La venida del Señor.
Aquí no hay permanencia,
No hay de conflictos fin,
Mas de Jesús la presencia
Gloria para mí será.

CORO:

Paz,.............dulce hogar............
Quiero gozar,
Con mi Jesús............
He de morar.

2

Mientras esté en el mundo
Viviré yo por la fe;
Pues su promesa me dice
Que algún día le veré.
Mora conmigo siempre
El fiel Consolador,
Guiándome constantemente
A las fuentes del amor.

3

Si tan feliz es el alma
Que anda de Jesús en pos,
¿Qué será cuando en su gloria
Venga el Hijo del gran Dios?
Entonces le veremos,
Sentado en majestad,
Dicha indecible tendremos
En la celestial ciudad.

319. VE Y VIVIRAS

1

Un mensaje del Señor, ¡aleluya!,
Anuncio yo que da la paz,
Es de Dios el santo amor, ¡aleluya!
«Ve tan sólo a Cristo y vivirás.»

CORO:

Ve la cruz y vivirás,
Ve a Cristo y vivirás;
Es de Dios el santo amor, ¡aleluya!
Ve tan sólo a Cristo y vivirás.

2

El mensaje del amor, ¡aleluya!,
Infundirá la fe en ti;
Que Jesús, mi Salvador, ¡aleluya!,
Dio por ti su sangre carmesí.

3

Vida puedes obtener, ¡aleluya!,
Que tu Señor te quiere dar;
Si tan sólo quieres ver, ¡aleluya!,
Por fe a quien podrá salvar.

4

Cómo vine te diré, ¡aleluya!,
A mi Jesús que me salvó,
Fui tan sólo por la fe, ¡aleluya!,
Y Jesús mi alma redimió.

320. EN LA NUEVA JERUSALEN

1

Cuando cesen los conflictos de la vida terrenal
Y dejemos este mundo de aflicción,
Entraremos por las puertas de la patria celestial
En la nueva Jerusalén.

CORO:

Cantaremos con los santos la canción de redención,
En Jerusalén ...., En Jerusalén ....,
Con acentos de alegría alabando al Salvador,
En la gran Jerusalén.

2

Aunque el mar embravecido y las olas del turbión
Siempre agiten nuestra pobre embarcación,

Fiando en Cristo llegaremos a la playa celestial
De la nueva Jerusalén.

3

Consagremos nuestras vidas al servicio del Señor,
Siempre hablemos de su grande salvación;
Si en su Viña trabajamos nos espera galardón
En la nueva Jerusalén.

4

En aquel país hermoso do jamás se dice «adiós»,
Gozaremos del descanso sin afán;
Cara a cara allá veremos a Jesús, quien nos salvó,
En la nueva Jerusalén.

321. LOOR A TI SEÑOR

1

¡Loor a ti, mi Dios, loor a ti!
Lo grande de tu amor es para mí;
Me diste un Salvador, Cristo Jesús.
¡Loor a ti, Señor, loor a ti!

2

¡Gloria a mi Salvador, Cristo Jesús!
El es el pan de vida para mí;
Su vida dio por mí allí en la cruz.
¡Loor a ti, Señor, loor a ti!

3

Hazme vivir, Señor, cerca de ti,
La deuda de tu amor la siento en mí;
Te entrego a ti mi ser, mi corazón.
¡Loor a ti, Señor, loor a ti!

4

Quiero ser limpio hoy de mi maldad,
Acudo a ti, Jesús, tal como soy;
«Ven a mí», dices tú con tierno amor.
¡Loor a ti, Señor, loor a ti!

322. NO HAY TRISTEZA EN EL CIELO

1

No hay tristeza en el cielo,
Ni llanto ni amargo dolor,
No hay corazón angustiado
Do reina el Dios de amor;
Las nubes de nuestro horizonte
Jamás aparecen allá,
El Sol en su gloria esplendente
Derrama su luz celestial.

CORO:

Yo voy a la patria del alma,
Do Cristo prepara mi hogar;
Do todos los santificados
Irán para siempre a morar:
El día feliz ya se acerca
En que el sol para mí se pondrá:
¡Oh!, qué gozo será cuando mire al Señor
En aquella hermosa ciudad.

2

No hay aflicción en el cielo,
Ni pruebas existen allá;
El alma que en Cristo reposa,
Segura en su seno estará;
No hay tentación en el cielo,
Ni sombras de muerte atroz,
El árbol de vida florece
Do fluye el río de Dios.

3

¡Cuán dulce será en el cielo,
Pasadas las penas aquí,
Volvernos a ver reunidos
Con nuestros amados allí!
Por todos los siglos eternos,
¡Qué dicha inefable ha de ser!
Estar en presencia de Cristo
Gozando de eterno placer.

323. MI MANSION CELESTIAL

1

Dejé la vida mundanal,
Los goces y la vanidad;
Y ¿quieres la razón saber?
Un sitio busco celestial.

CORO:

En esa patria celestial
Un bello y dulce hogar tendré,
En la mansión do Cristo está
Eterna gloria gozaré.

2

Muchos me quieren desviar
De la carrera que tomé;
Su voz no quiero escuchar,
Al sitio celestial iré.

3

¡Oh!, ven conmigo, pecador,
A esa célica mansión,
Acude a tu Salvador,
Acepta el inefable don.

324. NIVEAS ROPAS

1

Níveas ropas sin igual
En la patria celestial
Nos dará Jehová, nuestro Señor;
Donde luz del sol no habrá,
Pues sublime brillará
La sonriente faz del Salvador.

CORO:

Nívea será, nívea será
La vestidura celestial;
Traje de luz nos da Jesús,
Níveo vestido de luz,
Sublime don celestial.

Níveas ropas sin igual,
De los santos noble ideal,
Llevaremos ante nuestro Rey;
En completa comunión
Cantaremos la canción
De la redimida y santa grey.

3

Níveas ropas sin igual,
Del Cordero celestial,
La redenta grey ostentará;
Pues la sangre de Jesús
Derramada en la cruz
Nuestras manchas todas lavará.

325. ¿NOS VEREMOS EN EL RIO?

1

¿Nos veremos en el río
Cuyas aguas argentinas
Nacen puras, cristalinas,
Bajo el trono del Señor?

CORO:

¡Oh!, sí, nos congregaremos
De ese río a la ribera
De la vida verdadera
Que nace del trono de Dios.

2

En las márgenes del río
Que frecuentan serafines
Y embellecen querubines
Da la dicha eterna Dios.

3

El vergel que riega el río
De Jesús es la morada,
El mal nunca tiene entrada,
Allí sólo reina Dios.

4

Antes de llegar al río
Nuestra carga dejaremos,
Libres todos estaremos
Por la gracia del Señor.

5

En la margen de aquel río
Crece el árbol de la Vida
Y a toda alma dolorida
Dan sus hojas la salud.

6

Tiene faz risueña el río,
Pues la de Jesús refleja,
La que de su grey aleja
Todo mal, todo dolor.

7

Nos veremos en el río
Nuestro viaje concluyendo,
Suaves melodías oyendo,
Alabando al Dios de amor.

326.   NO TENGO CUIDADOS

1

No tengo cuidados ni tengo temor
De lo que me espera aquí;
Confío tan sólo en mi buen Salvador,
El cual cuida siempre de mí.

CORO:

Vivo por fe en mi Salvador,
No temeré, es fiel mi Señor;
En toda lid nunca me dejará,
Yo vivo por fe, él me guardará.

2

Vendrán tempestades, lo sé yo muy bien.
La fuerza del sol faltará;
Amigos dejarme lo pueden también,
Jesús siempre me sostendrá.

3

El Dios que aún viste el lirio aquí
Sustenta también al gorrión;
Jamás puede desampararme a mí,
Su hijo soy por adopción.

4

Un día vendrá otra vez el Señor,
Al cielo él nos llevará;
Allí cesarán el afán y temor
Y Dios todo dominará.

327. CONFIANDO SOLO EN JESUS

1

Aunque la furiosa tempestad
Amenace ruina sin piedad,
Yo tendré con Dios seguridad
Fiando en Jesús.

CORO:

Confiando sólo en Jesús,
Sé que su promesa cumplirá,
Fiando sólo en Jesús,
El me salvará.

2

Penas y dolor podré tener
Que congojas causen a mi ser,
Sobre todos yo podré vencer
Fiando en Jesús.

3

Otras esperanzas pasarán,
Otros goces, sí, fenecerán,
Mi esperanza y gozo durarán
Fiando en Jesús.

328. LLAMA

Llaman, llaman, llaman, llaman al corazón,
Permítele entrar sin tardar.

1

Llama Jesús al corazón
De quien manchó el mal atroz.
El llama hoy, ¡bella ocasión!
¿No quieres tú oír su voz?

¿Darás lugar al Salvador?
Tu Amigo es él, tu bienhechor,
Te llama hoy, ve sin tardar:
||¿Darás lugar al Salvador?||

2

Mucho esperó, y espera fiel;
Te llama aún ¡amor sin par!
No esperes más, acude a él:
¿Sordo serás a su llamar?

3

Un día más, tarde será,
Y sin lavar tu corazón
Tiempo feliz se perderá,
No habrá lugar a salvación.

329. AL SONAR DE LA TROMPETA

1

Al sonar de la trompeta
Nuestro corazón despierta,
Es Jesús que en las nubes viene ya;
De mil ángeles rodeado,
De victoria coronado,
Cuando vuelva él en gloria, ¡Aleluya!

CORO:

¡Oh, hermano!, ¿estás listo?
¿Vives tú ya salvo en Cristo?
¡Cuánta gloria, aleluya, no será!
Voz de júbilo se oirá,
En los cielos cantaremos
Cuando vuelva él en gloria, ¡Aleluya!

2

En las bodas del Cordero,
Al tomar el pan del cielo,
Para siempre estaremos con Jesús.
No habrá lágrimas ni llanto,

Pues que todo será canto
Cuando vuelva él en gloria, ¡Aleluya!

3

A la mesa estaremos
Y con Cristo cenaremos:
¡Cuán felices no seremos con Jesús!
Por los siglos de los siglos,
Con los ángeles y santos
Reinaremos en su gloria y eterna luz.

———:o:———

Nos agradaría recibir noticias suyas.
Por favor, envíe sus comentarios
sobre este libro
a la dirección que aparece a continuación.
Muchas gracias.

EDITORIAL VIDA
8325 NW 53rd St., Suite: 100
Miami, Florida 33166-4665
Vidapub.sales@harpercollins.com
http://www.editorialvida.com